DEUXIÈME ÉDITION

XAVIER DE MONTÉPIN

LES PANTINS DE MADAME LE DIABLE

TOME PREMIER

PARIS. — E. DENTU, ÉDITEUR, PALAIS-ROYAL

LES PANTINS

DE

MADAME LE DIABLE

—

TOME PREMIER

XAVIER DE MONTÉPIN

LES PANTINS

DE

MADAME LE DIABLE

TOME PREMIER

TROISIÈME ÉDITION

PARIS

E. DENTU, ÉDITEUR

LIBRAIRE DE LA SOCIÉTÉ DES GENS DE LETTRES

PALAIS-ROYAL, 15-17-19, GALERIE D'ORLÉANS

1882

Tous droits réservés

LES PANTINS

DE

MADAME LE DIABLE

PROLOGUE

LA FEMME DE MONSIEUR SATAN

I

TRAIN DE PLAISIR POUR L'ENFER

Les romanciers ont quelques privilèges, l'un des
plus charmants, — (mais celui-là n'est accordé qu'à
ceux d'entre nous qui, à tort ou à raison, jouissent
de la faveur du public), — l'un des plus charmants
est de pouvoir à notre gré transporter nos lecteurs
d'un bout du monde à l'autre, et de les trouver

toujours prêts, toujours dociles, toujours contents...

— Prêtez l'oreille, — leur disons-nous, — et écoutez !...

Et ils écoutent...

— Suivez-nous !...

Et ils nous suivent...

— Nous allons vous montrer des choses merveilleuses, — nous allons vous raconter des histoires d'un intérêt inouï et d'une variété sans égale...

Et ils nous croient sur parole.

C'est la foi qui sauve !...

Le moment est venu d'user de notre privilège avec une étonnante audace.

Il ne s'agit de rien moins que d'enfourcher un manche à balai, cet hippogriffe des sorciers, de prendre nos lecteurs en croupe, et de nous transporter avec eux, par le chemin le plus court et le plus direct, dans le royaume de Satan.

On se fait généralement l'idée la plus fausse et la plus absurde de ce royaume, qu'on appelle volontiers le royaume sombre, ce qui est ridicule et contraire à toute vérité.

Les uns se figurent que l'enfer consiste en un gigantesque brasier où d'immenses rôtissoires servent à la cuisson des damnés pendant des éternités tout entières, et où messieurs les démons retournent incessamment sur le gril les grands coupables et les pécheurs les plus endurcis. — Ceci soit dit sans la moindre intention de calembour.

Cette croyance est fortement enracinée, et depuis longtemps, ainsi que le prouve une vieille chanson :

> Oyez ceci, bonnes âmes !...
> J'ai voyagé dans l'enfer ;
> Moloch, Sadoch, Lucifer
> Allaient me jeter aux flammes
> Avec leurs fourches de fer !...
>
> Déjà prenait feu mon linge,
> Mon pourpoint était roussi ;
> Mais, par bonheur, Dieu merci,
> Satan me prit pour un singe,
> Et me lâcha. — Me voici !...

D'autres se persuadent, de la meilleure foi du monde, que l'immortel poème de Dante a donné des cercles infernaux une idée parfaitement exacte.

D'autres enfin sont imperturbablement convaincus que les décorateurs de la Porte-Saint-

Martin, de l'Ambigu et du Châtelet ont copié d'après nature les splendides pandémoniums qui nous montrent 'des fourmillements de diablotins et de diablesses, habillés de rouge et de noir, dansant, au bruit sonore des timbales, des grosses caisses, des tam-tam et des chapeaux chinois, au milieu de rochers d'acier bleuâtre illuminés par des flammes pourpre.

Rien de tout cela n'est exact.

Et d'abord où est l'enfer?...

Au centre de la terre, répondaient à cette question les docteurs du bon vieux temps; — et ils en donnaient pour preuve l'existence des volcans.

Selon eux, le Vésuve et l'Etna n'auraient eu d'autre rôle à jouer que celui des cheminées de la cuisine de Satan.

Cette opinion est spécieuse, mais nous refusons de nous y rallier, et pour cause.

Ce que personne n'a jamais su, nous le savons, et nous allons le dire.

L'enfer occupe en réalité cette merveilleuse étoile qu'on appelle *l'étoile de Vénus*, et qui brille d'un si vif et si pur éclat dans le firmament bleu.

C'est là que Satan règne et gouverne.

C'est de là qu'il descend sur la terre pour

s'acquitter, avec un infatigable zèle, de ses fonctions de tentateur.

C'est là enfin que réside, dans un palais d'un fort bon style et très convenablement aménagé, la diablesse aux doux yeux qui se nomme Éloa, et que les liens du mariage unissent à messire Satan...

Car messire Satan est marié.

— Le saviez-vous ?

— Non.

Eh bien, nous nous estimons heureux d'avoir eu l'occasion de vous l'apprendre.

Nous reviendrons bientôt à cette haute et puissante dame qui mérite, à plus d'un titre, de fixer notre attention.

Mais, avant tout, parlons un peu du diable lui-même, et redressons de notre mieux les erreurs de l'opinion publique sur le compte du roi, comme déjà nous venons de le faire, ou du moins de l'essayer, au sujet du royaume que nous nous proposons d'explorer bientôt.

La poésie, la peinture et la sculpture nous ont donné de l'ange déchu une innombrable quantité de portraits, remarquables sans doute à certains points de vue, mais presque tous défectueux par un manque absolu de vérité.

Les vers, le marbre et la toile ont reproduit à peu près invariablement l'image grandiose et terrible d'une sorte de Titan foudroyé, au visage morne et fatal, aux longues ailes de chauve-souris armées d'ongles aigus.

C'est très-beau ; — mais c'est de la fantaisie

Satan est meilleur diable que cela. — Sa physionomie offre une expression plutôt railleuse que sinistre ; — sa queue traînante peut passer pour une sotte invention des moines naïfs du moyen âge ; et s'il consent à porter sur le front deux petites cornes mignonnes, c'est uniquement afin de ne point humilier les autres maris.

Bref, dans la galerie de ses portraits, un seul nous paraît sinon ressemblant du moins reconnaissable : c'est celui qu'a tracé Gœthe dans son Faust, et auquel il a donné le pseudonyme de Méphistophélès.

Ceci n'empêche point qu'un photographe habile qui se rendrait dans la planète de Vénus pour y daguerréotyper Sa Majesté infernale, serait assurément le bien reçu et pourrait compter sur une récompense honorable. — Avis aux collaborateurs du soleil !...

Quel est l'âge de messire Satan ?

Cette question doit rester indécise et ne se peut trancher mathématiquement.

Évidemment l'ange déchu n'est plus tout à fait jeune, car sa naissance remonte à une époque bien antérieure à celle de la création du monde.

Il nous semble facile de le prouver...

Lorsque Adam et Ève furent installés sur la terre, Satan avait atteint déjà l'âge viril puisque ce galant séducteur mit à mal la première femme.

Supposons qu'il eût alors mille et quelques années, — ce qui est vraisemblable, — il en aurait donc environ sept mille aujourd'hui, mais il les porte gaillardement.

A peine lui donnerait-on quarante-cinq ans, tant il est bien conservé, — et quarante les jours de barbe.

Il est grand et mince, — un peu maigre, même, — mais cette maigreur ajoute à sa distinction.

Son front élevé porte à sa partie supérieure deux petites cornes d'or vierge que les cheveux cachent au besoin sous leurs boucles abondantes et du plus beau noir.

Ses yeux grands et vifs dardent des regards qui n'ont que le tort de ressembler un peu trop à des éclairs, — mais cet inconvénient n'existe guère que la nuit.

La bouche, fort belle quoique sardonique, découvre, dans un sourire habituellement moqueur, des dents étincelantes et qui ne sont ni pointues ni écartées, ainsi que certaines gens en ont fait courir le bruit par méchançeté pure.

La main du diable n'offre pas la moindre trace de griffes, et se recommande au contraire par une extrême souplesse et par un moelleux tout particulier.

Lorsque cette main saisit quelqu'un il est bien difficile, pour ne pas dire impossible de lui faire lâcher prise, — moins à cause de sa force irrésistible qu'en raison de la douceur de son étreinte.

Les pieds de Satan sont longs et cambrés, nullement fourchus, et toujours chaussés avec une élégance irréprochable.

Cette élégance se retrouve non moins complète dans les vêtements de Sa Majesté infernale, qui devance les modes et donne le ton aux *gommeux* de son royaume.

Et comment en serait-il autrement?

L'enfer est peuplé de tailleurs et de bottiers, — et aussi de couturières et de modistes.

Bijoutiers, gantiers, chemisiers, chapeliers, s'y trouvent en colonnes compactes.

Satan et sa femme ont donc sous la main tous leurs fournisseurs; — et, dans un temps donné, les vôtres et les miens iront grossir le nombre. — Ami public, gardez-vous d'en douter !!...

Le diable porte des bijoux en grand nombre et du meilleur goût.

Il adore ces brillants et précieux hochets, — peut-être à cause du profit considérable qu'il en a toujours tiré pour la séduction des âmes féminines.

Les diamants, surtout, ont été de tout temps et seront toujours pour lui de fidèles et précieux auxiliaires.

Et maintenant que nous avons tracé du héros de ce prologue un croquis rapide, le moment est venu de dire quelques mots de la belle diablesse Éloa, — de raconter brièvement les circonstances de son union avec le monarque infernal, et enfin d'introduire nos lecteurs dans le palais royal de la planète Vénus.

C'est ce que nous allons faire.

II

LA LÉGENDE D'ÉLOA

Voici la *légende* d'Éloa, non pas telle qu'un poëte, Alfred de Vigny, l'a écrite, mais telle que nous l'avons trouvée dans un manuscrit espagnol du seizième siècle.

Nous respectons la forme naïve et originale de cette *saynète*, et nous croyons que tout le monde nous en saura gré.

La scène se passe dans le paradis, un peu après la révolte et le châtiment des anges déchus commandés par messire Satan. — (Pour de plus amples détails sur cette révolte et ce châtiment, voir le *Paradis perdu* de Milton.)

Le Maître, le Tout-Puissant, le Seigneur Dieu, *Jéhovah*, est assis sur son trône d'ivoire, dans une salle immense dont les piliers de diamants soutiennent une coupole de saphir.

On entend une sonnerie de clairons, et l'archange Raphaël paraît à la tête d'une légion de séraphins vêtus de blanc et portant des épées flamboyantes.

Raphaël courbe la tête et les séraphins se prosternent.

LE MAITRE.

Archange Raphaël, approchez.

RAPHAEL.

(s'agenouillant sur la dernière marche du trône d'ivoire).

Seigneur, Dieu puissant, en qui résident toute lumière et toute gloire, voici votre serviteur à vos pieds...

LE MAITRE.

Archange, relevez-vous, et me répondez...

RAPHAEL *(se levant).*

Interrogez, Seigneur.

LE MAITRE.

D'où venez-vous avec votre légion?

RAPHAEL.

De la porte du paradis où j'étais de garde, et où

l'archange Michel, général de vos armées, comme moi, vient de me remplacer avec les chérubins.

LE MAITRE.

Faites-moi votre rapport, archange Raphaël...

RAPHAEL.

Nous avons été attaqués, vers le milieu de la nuit dernière, par une poignée de maudits qui prétendaient forcer notre consigne et pénétrer malgré nous dans l'enceinte sacrée.

LE MAITRE.

Vous les avez chassés et taillés en pièces?

RAPHAEL.

Oui, maître, mais non pas sans peine.

LE MAITRE.

Qui commandait ces maudits?

RAPHAEL.

Le roi des anges déchus... le plus terrible de nos frères tombés... Satan en personne... Il pousse la bravoure jusqu'à la témérité, et ne recule point devant nos glaives de flamme... — Heureusement, le général de votre artillerie nous avait confié son tonnerre... Il n'a fallu rien moins que la foudre pour mettre Satan en fuite et sa cohorte en déroute.

LE MAITRE.

Les révoltes de l'archange déchu seront donc
éternelles!!

RAPHAEL.

Maître, pardonnez-lui, l'infortuné voudrait rentrer au ciel.

LE MAITRE.

Il n'y rentrera pas. Il est condamné pour l'éternité! Archange Raphaël, je suis content de vous...
je vous nomme chevalier de mes ordres... J'aurai
soin que le brevet en soit expédié promptement par
notre chancellerie, et que vous en receviez les in-
signes...

RAPHAEL (*se prosternant*).

Que le maître soit béni... — Clairons de nos séraphins, sonnez sa gloire ! Phalanges mélodieuses
des anges féminins, unissez vos voix pour chanter
ses louanges.

(*Les clairons d'argent résonnent, — des voix de cristal
s'élèvent, le ciel se remplit d'harmonie, et, dans leur
course vagabonde, les étoiles et les comètes s'arrêtent
pour écouter avec ravissement.*)

LE MAITRE.

Faites silence !

(*Les trompettes et les voix se taisent. — Les astres er-*

rants se remettent à tourner dans l'immensité trans-
parente.)

RAPHAEL.

Maître, avez-vous des ordres à donner à votre
serviteur?

LE MAITRE.

— Oui. — Faites-moi venir ici sans retard l'ange
Ariel, surintendant de ma musique et directeur de
mes concerts.

RAPHAEL *(appelant).*

Ariel!! Ariel!! Ariel!

ARIEL

(s'agenouillant au pied du trône).

Maître, le plus humble de vos sujets n'ose lever
les yeux sur vous.

LE MAITRE.

Ariel, j'ai des reproches à vous adresser...

ARIEL.

Eh quoi! maître, une note fausse ou quelque
mélodie douteuse auraient-elles frappé vos oreilles
divines?

LE MAITRE.

Ce n'est pas tout à fait cela. — Votre musique est
bonne. — Vos instrumentistes savent leur métier
et vos chœurs chantent avec ensemble. — Mais il

manquait une chose essentielle aux derniers concerts que vous m'avez donnés. — Ne devinez-vous
pas ce que je veux dire, Ariel ?

ARIEL.

Non, maître.

LE MAITRE.

Parmi les anges féminins qui psalmodient avec
une si admirable perfection, il en est un dont la
voix, plus douce et plus suave que toutes les autres,
a des modulations qui me charment.

ARIEL.

C'est la voix d'Éloa, Seigneur, je n'en puis douter.

LE MAITRE.

Pourquoi cette voix que j'aimais à entendre est-
elle devenue muette tout à coup ?

ARIEL.

Maître, Éloa ne veut plus chanter et s'obstine
dans son silence.

LE MAITRE.

Qui donc ose avoir une volonté dans mes États ?

RAPHAEL.

Maître, soyez indulgent, c'est humblement pros-
terné devant vous que je vous le demande. — La
pauvre Éloa, je m'en porte garant, n'agit point dans

une pensée de résistance à votre puissance souveraine... — Faites-la venir en votre présence et dai-
gnez l'interroger... — Elle est si changée, si pâle
et si triste, qu'elle vous inspirera plus de pitié que
de courroux.

LE MAITRE.

De la tristesse chez moi! — Que se passe-t-il
donc ici? — Il faut que je le sache à l'instant. —
Appelez Éloa.

RAPHAEL (*appelant*).

Éloa!! Éloa!! Éloa!!

ÉLOA
(*s'inclinant devant le trône, mais sans s'agenouiller
comme ont fait Raphaël et Ariel*).

Seigneur, me voici.

LE MAITRE.

On m'apprend une chose étrange, Éloa, et que je
ne puis croire sans effort. — On me dit que vous
refusez de chanter dans mes concerts.

ÉLOA.

On vous a dit la vérité, maître.

LE MAITRE.

Ainsi, votre résistance est réelle?

ÉLOA.

Oui, maître.

LE MAITRE.

Savez-vous bien à quelle punition terrible vous vous exposez?

ÉLOA.

Je le sais.

LE MAITRE.

Et vous bravez ma colère et cette punition ?

ÉLOA.

Je ne les brave point, maître, mais je me résigne, et je courbe la tête devant elles... — Bannissez-moi de vos États... je l'aurai mérité.

(*Mouvement d'effroi parmi les anges et les séraphins. — Raphaël et Ariel s'éloignent d'Éloa avec épouvante.*)

LE MAITRE.

Éloa, cette résignation à un châtiment dont la seule pensée frappe de terreur nos légions fidèles, cache un mystère que je veux connaître... — Vous êtes triste, Éloa...

ÉLOA.

Oui, maître, triste jusqu'à la mort !

LE MAITRE.

Tristesse éternelle, alors, puisque vous êtes immortelle !...

ÉLOA.

Oui, maître, tristesse éternelle...

LE MAITRE.

N'êtes-vous pas heureuse dans ce séjour du parfait bonheur?

ÉLOA.

Je ne suis point heureuse.

LE MAITRE.

Pourquoi?

ÉLOA.

Parce que j'aime... et que mon amour est sans espoir...

LE MAITRE.

Qui a dit cela? — Ignorez-vous donc que tout espoir réside en moi, et que s'il me plaisait de vous donner celui que vous aimez, fût-il un de mes archanges, fût-il l'un des généraux de mes milices, fût-il Raphaël lui-même, rien ne s'opposerait à votre félicité?...

ÉLOA.

Maître, celui que j'aime, vous ne me le donnerez jamais...

LE MAITRE.

D'où vous vient cette certitude?

ÉLOA.

Entre lui et moi votre main toute-puissante a creusé des abîmes qu'elle ne comblera pas... —

Vous ne me rapprocheriez de lui qu'en me chassant
de vos États, et c'est une grâce formidable que j'ose
à peine vous demander...

LE MAITRE.

L'ange que vous aimez, Éloa, qui donc est-il?

ÉLOA.

Celui qui lutta contre vous... le roi des légions
foudroyées... Satan.

(*Le ciel tremble. — Le soleil se voile. — Les voix des
anges et des séraphins répètent dans l'immensité :
Satan !!*)

LE MAITRE.

Malheureuse ! !

ÉLOA.

Punissez-moi, maître, comme vous l'avez puni...
Je suis coupable comme lui... Mon amour me rend
sa complice !

LE MAITRE.

Éloa, j'ai pitié de vous... Vous n'avez jamais
péché contre moi... Vous n'avez partagé ni l'orgueil
insensé, ni les révoltes du maudit... Vous l'avez
aimé quand il était encore le plus beau des anges
fidèles ! cela vous était permis. Pourquoi donc
vous en punirais-je ? — Je ne défends point les
chastes tendresses, et j'approuve le mariage entre

les chérubins de sexe différent. — Aujourd'hui, par malheur, les circonstances ont changé, Satan n'est plus digne de vous... — Oubliez ce funeste amour, retrouvez votre bonne humeur et votre belle voix d'autrefois et je vous promets la main de Raphaël, mon archange favori.

ÉLOA.

Ce n'est pas Raphaël que je veux, c'est Satan ! !

LES ÉTOILES ERRANTES ET LES COMÈTES FUGITIVES

Satan !

LE MAITRE.

Éloa, encore une fois, reprenez votre cœur au démon !

ÉLOA.

Je le lui ai donné, maître, et c'est pour toujours ?

LE MAITRE.

Eh bien, souhaitez au moins guérir de votre mal et je vous viendrai en aide... Je vous donnerai la force qui vous manque, et s'il faut un miracle pour cela, je le ferai...

ÉLOA.

Je ne veux pas guérir... je veux souffrir. — Cette souffrance est ma seule joie !

LE MAITRE.

Éloa, prenez garde que je n'exauce vos vœux

impies en vous laissant libre d'aller retrouver le maudit.

ÉLOA.

Oh ! maître, si vous faisiez cela, l'éternité tout entière me semblerait trop courte pour vous bénir !...

LE MAÎTRE.

Éloa, vous ne réfléchissez point que celui qui s'est révolté contre son maître, ne pourra se soumettre à l'empire d'une femme, cette femme fût-elle un ange.

ÉLOA.

Maître, lorsque le cœur est rempli d'amour, on ne sait pas réfléchir, on ne sait qu'aimer...

LE MAITRE.

Satan vous rendra malheureuse.

ÉLOA.

Eh bien, le malheur avec lui, plutôt que le bonheur sans lui !

LE MAITRE.

Je connais le maudit... je le connais bien, puisque c'est moi qui l'ai créé... — Il est incapable d'attachement et de constance... — Ses infidélités vous feront cruellement souffrir.

ÉLOA.

L'amour ne recule point devant la souffrance...

LE MAITRE.

Vos griefs contre lui deviendront bientôt si nombreux que vous finirez par le haïr.

ÉLOA.

Maître, quand on aime, on pardonne.

LE MAITRE.

Songez, Éloa, qu'une fois sortie de mes États, ce sera pour n'y rentrer jamais !

ÉLOA.

Comment souhaiterais-je y rentrer, puisque celui dont je veux partager le sort en est banni pour l'éternité tout entière ?...

LE MAITRE.

Je devrais m'irriter et vous maudire, — mais malgré moi tant d'amour me touche. — D'où vous vient cette immense tendresse pour l'archange déchu ?

ÉLOA.

De ce qu'il est malheureux, maître.

LE MAITRE.

Éloa, vous êtes une âme charmante, et c'est par pitié pour vous-même que je voudrais vous empêcher d'accomplir ce sacrifice...

ÉLOA.

Maître, une âme comme la mienne trouve dans

le sacrifice des joies que rien ne saurait lui donner...

LE MAITRE.

Allons, vous avez réponse à tout... — Je ne veux pas vous contraindre à être heureuse malgré vous... — je cède...

ÉLOA.

Quoi maître ! vous me laissez libre ?...

LE MAITRE.

Oui, — libre de vous perdre à jamais, pauvre ange de lumière volontairement déchu... (*Élevant la voix.*) Légions de mes fidèles, célestes milices, archanges et séraphins, vous tous qui remplissez les espaces, courbez vos têtes, voilez vos fronts et pleurez... — l'une de vos sœurs vous quitte pour aller au démon.

LES ARCHANGES ET LES ANGES.

Malheur !... trois fois malheur !...

ÉLOA.

Bonheur ! bonheur ! je suis à lui !

LE MAITRE.

Portes, ouvrez-vous... laissez sortir l'insensée qui s'envole ! — Vigilantes sentinelles, écartez de son chemin vos épées flamboyantes... laissez passer la femme de Satan !...

LES ARCHANGES ET LES ANGES.

(avec épouvante).

La femme de Satan !...

(Les astres s'entre-choquent dans l'espace, — les anges se prosternent au pied du trône d'ivoire. — Les ténèbres couvrent le monde.)

ÉLOA *(déployant ses ailes)*.

Mon bien-aimé, me voici... — je suis à toi,... — je suis à toi pour l'éternité...

LES ÉCHOS DU CIEL.

Pour l'éternité !...

LA VOIX DE SATAN.

Tu as tardé bien longtemps, Éloa! — Vrai! je ne t'attendais plus, et je te croyais infidèle.

ÉLOA.

Infidèle, moi ! — Moi qui sans un regret abandonne le ciel pour venir te rejoindre!... — Oh! Satan, — voilà un mot bien cruel et qui me brise le cœur.

LA VOIX DE SATAN.

Allons... allons, je plaisantais. — Pas de larmes surtout! — Te voici, sois la bien-venue... — Je t'épouse, et si tu n'es point heureuse avec moi, c'est que tu y mettras de la mauvaise volonté! — Et

vous, mes sujets, réjouissez-vous ! — Votre roi se
marie ! — Vive la femme de Satan !...

LES VOIX DES ANGES DÉCHUS.

Vive la femme de Satan !...

LES ÉCHOS DE L'ENFER.

Vive la femme de Satan !

(*Les ténèbres deviennent plus épaisses. — Les nuées
s'entassent entre le ciel et l'enfer. — La foudre
éclate.*)

LES ARCHANGES ET LES ANGES.

Gloire au maître tout-puissant, et malheur, malheur aux maudits !

LA VOIX DE SATAN.

De par l'enfer, nous avons de belles noces... —
Le maître fait gronder ses tonnerres en notre
honneur !... Il nous envoie ses nuées orageuses
pour servir de rideaux à notre alcôve ! — Éloa, te
voici la reine du monde !...

ÉLOA (*dans les bras de Satan*).

Mon bien-aimé, m'aimeras-tu toujours ?

SATAN (*à lui-même*).

Qui sait ?

III

LE BOUDOIR D'ELDA

La légende que nous venons de mettre sous les yeux de nos lecteurs renferme les documents les plus précis qu'il nous ait été possible de nous procurer sur le mariage du diable.

Nous ne prendrons point sur nous d'affirmer que l'authenticité de ces documents soit absolument inattaquable ; mais enfin, en l'absence de toutes autres pièces justificatives, nous sommes bien forcé de les tenir pour véridiques et de nous déclarer satisfait.

Ce point de départ une fois admis, il ne nous reste qu'à continuer notre récit.

La pauvre Éloa ne tarda guère à déplorer son fol
entraînement et à regretter le paradis qu'elle avait
quitté pour l'enfer.

Mais, hélas ! il était trop tard...

Les portes du ciel une fois refermées ne pouvaient plus se rouvrir pour elle ; — il lui fallait rester éternellement la compagne d'un époux infiniment peu recommandable...

On comprend que nous n'allons point employer
notre encre à dire du mal de messire Satan...

La réputation du diable est si bien établie et si
bien méritée, qu'il nous semble superflu de
joindre notre caillou aux cailloux sans nombre
qui l'ont lapidé depuis que le monde existe, et
qui le lapideront jusqu'à la consommation des
siècles.

D'ailleurs, nous sommes un historien et non
point un pamphlétaire.

Nous allons raconter brièvement des faits. —
D'autres en tireront les conséquences, si bon leur
semble...

La terre sortit du néant, Adam et Eve, de bibli-
que mémoire, étaient placés dans le paradis terrestre.

Satan vit notre blonde aïeule, — il la trouva jolie,

Éloa était brune, et les diables aiment le changement tout autant que les hommes.

Satan fut infidèle pour la première fois.

Éloa l'apprit et pleura beaucoup.

Pauvre Éloa, ces larmes ne devaient pas être les dernières !...

A mesure que s'écoulaient les siècles et que Satan prenait de l'âge, son humeur inconstante redoublait, et la jalousie de la femme légitime augmentait dans des proportions désespérantes.

Toujours jeune, toujours belle et toujours aimante, l'ex-choriste des concerts célestes ne pouvait de sang-froid se voir délaissée et trahie.

Chaque rivale nouvelle que lui donnait Satan, — et Dieu sait si ces rivales étaient nombreuses ! — la rendait à moitié folle de douleur et de colère.

Elle formait les plus beaux projets de vengeance ; puis, lorsque arrivait le moment d'accomplir ces projets, sa bonté naturelle prenait le dessus, elle essuyait ses larmes, elle oubliait son courroux, et au moindre mot de repentir murmuré par l'infidèle elle se hâtait de pardonner.

Satan, du reste, ressemblait à presque tous les *bons* maris de ce monde. — Il trompait sa femme le plus qu'il pouvait, — mais il avait pour elle des égards, et de temps en temps il lui revenait avec un empressement et une galanterie dont Éloa prenait la fausse monnaie pour de l'argent comptant.

Voilà où en étaient les choses au moment où nous conduisons nos lecteurs dans la planète de Vénus, c'est-à-dire vers la fin du dix-huitième siècle.

La planète en question ressemble beaucoup à la terre, avec des dimensions autrement importantes, car elle mesure un diamètre environ cinquante-cinq mille fois plus grand que celui de notre globe.

Sa population est immense, et rien ne semble plus facile à comprendre quand on réfléchit que les quatre-vingt-dix-neuf centièmes des habitants de ce bas monde vont habiter l'astre infernal, par autorité de justice, aussitôt après leur mort.

Les eaux y sont abondantes, mais sulfureuses comme celles de la mer Morte, et d'immenses forêts de mancenilliers projettent de toutes parts leur ombre empoisonnée sur des prairies de ciguë et sur des champs où foisonnent des champignons vénéneux de la plus belle espèce.

Telle est aujourd'hui l'étoile de Vénus. Telle elle était à l'époque de notre récit.

2.

Le palais royal, — construit dans un style mo-
resque, en marbre de divers couleurs, — s'élevait
au milieu d'une cité si grande que Paris et Lon-
dres, auprès d'elle, n'auraient semblé que des
bourgades.

Une armée de moines, dissolus et couards sur la
terre, devenus soldats malgré eux dans le royaume
satanique, en gardaient les portes.

Ces sentinelles avaient une consigne rigoureuse
et ne devaient admettre à l'entrée et à la sortie que
les personnes munies d'un *laisser-passer* bien en
règle.

Heureusement, de telles consignes ne nous re-
gardent pas.

Franchissons donc le seuil du palais, — traversons les vastes cours intérieures sans même jeter
un coup d'œil au luxe oriental des décorations et
des fontaines jaillissantes, — parcourons les enfi-
lades de salons où Satan, quand il est en belle
humeur, donne des fêtes splendides aux principaux
de ses sujets, et visitons une retraite mystérieuse
et charmante, située dans la partie la plus reculée
des bâtiments.

Cette retraite, tendue et meublée par les tapis-
siers de l'enfer dans le goût rococo le plus délicieu-

sement maniéré et contourné, était le boudoir d'Éloa.

A quoi bon le décrire?

Il nous semble que tout *réalisme* descriptif serait ici déplacé, et nous préférons nous abstenir.

Douze bougies, bien autrement lumineuses que les bougies terrestres, éclairaient *a giorno* ce boudoir.

Éloa, étendue sur un sofa, tenait à la main un roman de Crébillon fils, qu'elle ne lisait pas.

Ses yeux se fixaient de minute en minute sur la pendule dont les aiguilles indiquaient que trois heures du matin allaient sonner dans quelques minutes, et des exclamations d'impatience s'échappaient de ses lèvres.

Madame le Diable semblait avoir vingt-quatre ou vingt-cinq ans tout au plus. — Nous savons que cette apparence était exacte... à sept mille ans près...

Malgré l'extrême pâleur de ses joues et le cercle d'azur tracé autour de ses grands yeux noirs, sa beauté merveilleuse offrait quelque chose d'angélique.

On comprenait que ce regard, tout à la fois si doux, si pur et si noble, avait dû jadis contempler le Maître dans sa gloire. — On comprenait que ces lèvres, si souriantes et si chastes, avaient dû chanter avec les chœurs des anges dans les concerts célestes.

Des épingles de diamants fixaient sur la tête d'Éloa ses longs cheveux d'un noir presque bleu, divisés en nattes lourdes et soyeuses.

La jeune reine, — quiconque ne doit et ne peut jamais vieillir est éternellement jeune ! !... — portait un peignoir flottant d'une étoffe inconnue et de couleur flamme de punch.

Nuance étrange ! dira-t-on peut-être.

Sans doute, mais les modes de l'enfer ne sont point les modes de la terre.

Des babouches rouges comme un feu de forge chaussaient ses petits pieds.

Trois heures sonnèrent.

— Ah ! — balbutia la reine, — c'est trop fort ! — Où peut-il être, tandis que je me meurs d'impatience et de jalousie en l'attendant ?

Éloa quitta son attitude nonchalante, elle jeta son livre au milieu du boudoir et, étendant la main vers une petite table placée à proximité du sofa, elle frappa sur un timbre de cristal avec un marteau d'argent.

Une porte s'ouvrit, et deux filles suivantes entrèrent.

Ces caméristes, malgré l'humilité de leur emploi, pouvaient lutter de beauté avec la reine elle-même.

L'une était Aspasie, — la célèbre courtisanne, — la maîtresse d'Alcibiade.

L'autre, la non moins belle, la non moins courtisée, la non moins illustre Ninon de Lenclos.

Aspasie ne franchit qu'à peine le seuil.

Ninon de Lenclos s'avança jusqu'au sofa.

— Votre Majesté a besoin de nos services? — demanda-t-elle en ébauchant une révérence de la bonne école.

Éloa fit un signe affirmatif.

— Votre Majesté désire sans doute se déshabiller et se mettre au lit? — continua Ninon.

Éloa secoua la tête.

— Cependant il est déjà bien tard, et Votre Majesté doit avoir grand besoin prendre du repos... — elle dort si peu!... — Demain Votre Majesté sera plus pâle que de coutume; qu'elle me permette de le lui dire.

— Eh ! qu'importe? — s'écria la reine avec amertume. — Personne ne s'apercevra de ma pâleur !

Aspasie et Ninon échangèrent un regard significatif.

Puis la Française reprit, avec la familiarité d'une soubrette favorite qui se sait certaine de ne point déplaire, quoi qu'elle dise et quoi qu'elle fasse :

— Hélas! j'ai grand'peur que Votre Majesté ne se mette martel en tête sans sujet, et qu'elle ne se crée, comme cela ne lui arrive que trop souvent, des soucis et des inquiétudes dénués de fondement...

— Ninon, — interrompit vivement Éloa, — tu sais bien que mes inquiétudes et mes soucis ne sont que trop sérieux.... — tu sais bien que lorsqu'un mari n'est pas rentré à trois heures du matin, sa femme peut et doit tout craindre!

— Votre Majesté me permet-elle d'exprimer mon opinion en sa présence?

— Parle.

— Eh bien, madame, il me semble qu'un mari, même infidèle, ne vaut pas la peine qu'on se tourmente si fort à propos de lui.

— Que dis-tu?

— La vérité. — Un amant qui se dérange, à la bonne heure, on peut s'alarmer. — L'oiseau dont on n'a pas coupé les ailes s'envole et ne reparaît

plus... mais le mari revient toujours... — Voilà
l'essentiel. — Le reste est peu de chose.

— Ah ! Ninon, on voit bien que vous n'avez jamais
aimé ! — soupira la reine.

Ninon sourit.

— Telle n'est pas la réputation que l'on m'a faite
sur la terre, — répliqua-t-elle. — On croit assez
généralement que j'ai *souvent* et *longtemps* aimé.

— Aimer *souvent*, c'est n'aimer *jamais !* Le véritable amour n'entre qu'une fois dans un cœur... il
n'en sort plus...

Aspasie et Ninon échangèrent un nouveau regard.

— Il faut venir en enfer pour entendre ces choses-
là dans la bouche d'une femme mariée !... — pen-
sèrent à la fois les deux courtisanes. — Où la vertu
va-t-elle se nicher ?

Éloa reprit :

— Mais le temps passe... — Qui sait si maintenant le roi n'est pas rentré ! — Peut-être aura-t-i
craint de troubler mon repos en se présentant chez
moi si tard... — ou plutôt si matin.

— C'est bien possible, — murmura Ninon d'un
air assez peu convaincu.

— Il faudrait s'en assurer, — continua la reine.

— Dois-je envoyer dans l'appartement du roi, madame?

— Vas-y toi-même, et reviens vite.

Ninon fit une révérence de *sortie* non moins correcte que sa révérence d'*arrivée*, et disparut.

— Aspasie, — dit la reine, — approche.

La courtisane grecque s'avança, vêtue de la blanche tunique de laine dont le tissu flexible dessinait, comme au siècle de Périclès, les formes splendides de son corps.

— Me voici, madame, — dit-elle en saluant avec une grâce voluptueuse.

— Comment donc faisais-tu, — demanda la reine, — pour attirer jadis et fixer près de toi ces jeunes et beaux Athéniens, ces grands philosophes qui formaient ta cour, et qui ne se lassaient jamais ni de te voir ni de t'adorer?

— J'employais pour les retenir un talisman dont la puissance est infaillible...

— Lequel?

— Je n'oserai jamais le révéler à Votre Majesté...

— Parle, je le veux... — Quel est ce talisman?

— L'infidélité.

Éloa tressaillit.

— Eh quoi !... — s'écria-t-elle, — on s'attache donc à qui vous trompe ?

— C'était du moins ainsi parmi les hommes de mon temps.

— Est-ce possible ? est-ce croyable ?

— Oui, madame, et voici pourquoi... Un bien n'a jamais tant de prix que lorsqu'on craint d'en être privé ! Or, une femme est un bien comme un autre.

— Tu as raison, — murmura la reine, — tu n'as que trop raison... J'en ai la preuve... Je n'ai jamais tant aimé le roi que depuis qu'il me donne presque chaque jour de nouvelles rivales...

— Si Votre Majesté daignait m'autoriser à lui offrir un humble conseil...

— Eh bien ?

— Je lui dirais : Madame, le talisman dont je me servais est à la disposition de Votre Majesté... Qui vous empêche d'en faire usage ?

— Moi, tromper le roi ! — fit Éloa avec une stupeur indignée.

— Pourquoi non ?... il me semble qu'il le mérite largement !... D'ailleurs, c'est la peine du talion, la plus juste de toutes.

— Jamais !...

— A peine Votre Majesté aurait-elle *distingué* quelqu'un de ses sujets, qu'elle verrait le roi revenir à elle, plus tendre et plus amoureux que jamais !

— Peut-être... mais il faudrait payer cher ce retour de tendresse... Je préfère souffrir pendant l'éternité plutôt que de me voir heureuse à ce prix.

— Bah ! il n'y a que le premier pas qui coûte. — Si Votre Majesté voulait seulement prendre la peine d'essayer aujourd'hui, demain elle recommencerait tout naturellement et sans efforts.

— Aspasie, c'est un conseil infernal que vous me donnez là !...

— Eh ! madame, Votre Majesté oublie-elle donc que nous sommes en enfer ?

Éloa courba la tête et murmura :

— C'est vrai...

Puis, au bout de quelques secondes, elle ajouta :

— Sortez... vous me faites horreur...

Aspasie s'inclina et quitta le boudoir.

Mais avant de refermer la porte derrière elle, elle se retourna et elle dit :...

— Que Votre Majesté daigne réfléchir... — Pour si infernal qu'il paraisse, mon conseil n'est vraiment pas mauvais...

— Sortez! — répéta la reine. — Sinon, je vous dénonce au roi!...

Aspasie eut aux lèvres un sourire moqueu

Elle craignait fort peu Satan, qui lui faisait la cour en ses moments perdus, et ne la rencontrait jamais dans quelque couloir sombre sans lui prendre la taille et lui dérober une douzaine de baisers.

Ces diables de maris sont capables de tout, — surtout quand ces maris sont le diable.

— Hélas! — murmura la pauvre reine, — le Seigneur, dans sa bonté, m'offrait pour époux l'archange Raphaël... — Ce n'est pas Raphaël qui m'aurait ainsi trompée!...

Et elle soupira en portant son mouchoir à ses yeux humides.

En ce moment Ninon de Lenclos rentra.

IV

LE DIABLE DANS SON MÉNAGE

— Eh bien? — demanda vivement la reine.

— Eh bien, madame, Sa Majesté n'est pas au palais...

— En es-tu sûre?

— Hélas! que trop.

— Qui te l'a dit?

— Le premier valet de chambre du roi.

— Tibérius?

— Oui, madame.

Ici, nous devons apprendre à nos lecteurs que l'ex-empereur qui souhaitait que le peuple romain n'eût qu'une tête pour pouvoir la trancher d'un seul coup (1), avait été élevé par Satan aux fonctions toutes de confiance de valet de chambre de Sa Majesté infernale, — fonctions dont il s'acquittait à ravir.

Éloa reprit :

— Tibérius semblait-il inquiet ?

— En aucune façon, madame ; — il dormait à demi dans l'antichambre en attendant son maître... et comme je lui reprochais ce sommeil, il m'a répondu d'un air goguenard : — *Le roi a sa clef...* — *Il m'éveillera en rentrant...*

— C'est bien, Ninon, retirè-toi... — murmura tristement la reine ; — je n'ai plus besoin de tes services.

— Votre Majesié ne se déshabillera pas ?

— Non.

— Votre Majesté ne se mettra point au lit ?

— Au lit ! — à quoi bon ? — est-ce que je pourrais dormir ?

— Que fera donc Votre Majesté ?

— J'attendrai...

— Quoi ! jusqu'au matin ?

(1) L'auteur croit se souvenir que l'empereur en question fut Néron et non pas Tibère ; mais Tibère a pu le penser et le dire aussi bien que Néron.

— Jusqu'au matin, s'il le faut...

— Mais, madame, Votre Majesté se tuera.

— Ninon, — répliqua la reine avec un navrant sourire, — tu ne te souviens donc plus que Ma Majesté est immortelle?

Ninon allait répondre.

Elle n'en eut pas le temps.

Il se fit un grand bruit dans les antichambres. — On entendit les sentinelles échanger des mots d'ordre.

En même temps on frappa à la porte du boudoir.

Ninon courut à cette porte; elle causa tout bas pendant une demi-minute avec un interlocuteur invisible, et elle revint vivement à la reine en lui disant :

— Madame, Tibérius précède son maître et vient prévenir la reine que le roi sera ici dans quelques secondes et qu'il fait demander si Votre Majesté peut le recevoir?

Une joie délirante se peignit aussitôt sur le visage d'Eloa, et la pâleur de ses beaux traits fit place aux couleurs les plus vives.

— Qu'il vienne! — s'écria-t-elle, — et qu'il soit certain que la reine l'attend avec impatience.

A peine Éloa venait-elle de prononcer ces dernières paroles, que la porte du boudoir s'ouvrit à deux battants et que Satan parut.

Nous rappellerons à nos lecteurs le portrait que nous avons tracé de Sa Majesté infernale dans le premier chapitre de ce prologue. — Nous n'avons rien à ajouter à ce portrait, et rien non plus à en retrancher.

Satan était vêtu à la dernière mode des gentils-hommes les plus élégants de la cour de France vers le dernier quart du dix-huitième siècle.

Sa toilette se recommandait tout à la fois par sa recherche luxueuse et par sa simplicité d'un goût exquis; — problème difficile à résoudre, cependant, que l'heureuse union de la simplicité et de la richesse...

Nous sommes de ceux qui rendent volontiers à César ce qui est à César, et quand le diable mérite d'être loué, nous louons le diable.

Sur une veste de satin blanc, brodée d'argent et de petites perles, Satan portait un habit de taffetas d'une nuance mauve très pâle, brodé de jais.

Des boucles de diamants et d'émail noir atta-chaient ses bas de soie blancs, un peu au-dessus du genou, sur sa culotte de soie gris-perle.

Des boucles pareilles rehaussaient ses souliers à

talons rouges, dont les semelles avaient la finesse
d'une feuille de papier.

Le chapeau lampion galonné d'or se posait un
peu de côté, d'une façon cavalière et coquette, sur
les cheveux poudrés à frimas et disposés de manière
à cacher complètement les deux petites cornes du
diable.

Les manchettes et le jabot étaient d'un point
d'Alençon de la plus grande beauté.

Un diamant de cent mille écus brillait au doigt
annulaire de la main gauche.

Trois diamants du même prix scintillaient comme
des étoiles à la poignée de l'épée.

Les boutons de la veste étaient de diamants. —
Chacun d'eux valait cent mille livres.

— Voilà bien des diamants! — s'écrient peut-
être nos lecteurs.

D'accord, mais il ne faut pas s'en étonner.

Satan (nous croyons l'avoir déjà dit) aimait passionnément les bijoux, surtout ces petits cailloux
étincelants dont la valeur est incalculable, et il
avait un moyen bien simple de se les procurer.

Voici le moyen.

Nous le livrerons par pure bienveillance à nos
lecteurs, avec la conscience que nous allons rendre

infinimont plus riches que M. le baron de Rothschild
tout ceux d'entre eux qui sauront le mettre en pratique.

Personne ne l'ignore, le diamant n'est autre
chose que du carbone vitrifié instantanément par
une chaleur difficile à obtenir jusqu'à ce jour dans
les creusets des chimistes les plus habiles.

Satan prenait entre l'index et le pouce de sa main
gauche un morceau de charbon gros comme le *Ré-
gent* ou comme *la Montagne de lumière;* — il l'approchait de ses lèvres et soufflait sur lui pendant la
dixième partie d'une seconde.

Au bout de ce temps la transformation se trouvait opérée, et le petit morceau de charbon était
devenu un gros diamant.

Vous le voyez, rien au monde ne paraît plus naïf
au premier abord, et ce procédé de transformation
semble à la portée de tout le monde.

Il ne s'agit, pour réussir, que d'avoir l'haleine
chauffée à deux ou trois cents degrés... — Bagatelle !

Pourquoi n'en arriverait-t-on pas là?

On a bien inventé la télégraphie électrique!...

Le diable salua de façon galante, en personnage
de bonne maison qu'il était; puis, l'œil brillant, la

bouche en cœur, les coudes arrondis, il s'approcha de sa femme pour l'embrasser.

Emportée par un irrésistible élan, Éloa ouvrit les bras, prête à rendre étreinte pour étreinte à l'époux qu'elle adorait malgré ses torts réitérés.

Mais une réflexion l'arrêta dans ce moment.

— Si je l'accueille ainsi, — se dit-elle, — si je lui montre à quel point je l'aime, toute explication va devenir impossible... — Or, je veux une explication.

Et la reine, reculant de deux ou trois pas avec un grand air de dépit, tourna la tête et fit la plus jolie petite moue qui se puisse imaginer.

C'était bien agir en femme !

Demandez plutôt à toutes les femmes qui liront ceci.

Satan jeta son chapeau lampion sous son bras gauche, avec ce geste plein de désinvolture dont la tradition s'est conservée de nos jours au Théâtre-Français.

Il tira de la poche droite de sa veste de satin blanc une tabatière à sujet leste, enrichie de perles et de rubis ; — il massa et il huma délicatement une prise et, d'une chiquenaude élégante, il dispersa quelques grains de tabac d'Espagne égarés parmi les dentelles de son jabot.

Il pirouetta sur son talon rouge, — il fit faire la roue à ses manchettes après avoir remis sa tabatière dans sa poche, et enfin il s'écria d'une voix légèrement grasseyante :

— Vertubleu ! belle amie, que diable se passe-t-il dans votre jolie petite tête ? Que signifie cette mine farouche ? — Auriez-vous des vapeurs par hasard ?... — C'est une maladie à la mode...

— Monsieur, — répondit Éloa avec dignité, — quittez, je vous prie, ce ton léger qui ne convient point à la situation.

— Vous parlez de la situation, tendre amie... — serait-elle sérieuse par hasard ? — Ma parole d'honneur, je ne m'en doutais pas !...

— Regardez cette pendule...

— C'est inutile, — j'ai ma montre ; — il est trois heures dix minutes du matin... — Quel rapport établissez-vous entre l'heure qu'il est et la prétendue gravité de la situation.

— Trouvez-vous donc qu'il soit bienséant, monsieur, pour un mari qui se respecte, de passer plus de la moitié de la nuit hors du logis ?...

— Mais, sans aucun doute, vertuchoux ! Cela est bienséant lorsque ce mari a été retenu dehors par des affaires importantes.

— Ainsi, vous aviez des affaires ?

— Ah ! morbleu, je le crois bien !... — c'est-à-dire que j'en avais à ne savoir où donner de la tête !...

— Dans vos Etats... :

— Dans la plus belle et la plus importante partie de mes Etats...

— Sur la terre, je le parierais ?...

— Et vous gagneriez !...

— En France, n'est-ce pas ?...

— Vous avez deviné juste.

— Et à Paris, sans doute ?...

— Peste ! — Quel esprit de divination.

— Mon mérite est bien mince, et je pourrais parler à coup sûr ! — Vous consacrez les trois quarts de votre vie à Paris... — Est-ce vrai, cela, oui cu non ?

— Je ne songe point à le nier...

— Qu'a donc d'irrésistible cette ville pour vous attirer ainsi ?...

— N'est-elle pas, de toutes les cités du monde, celle où je trouve à faire les plus amples récoltes... celle où m'accueillent les plus fervents hommages... celle où je suis adoré sous toutes les formes ?...

— Pourquoi n'ajoutez-vous pas, — s'écria la reine avec une sourde colère, — qu'elle est aussi la ville où se trouvent les plus jolies et les plus séduisantes femmes de l'univers?...

Satan, en entendant Éloa formuler cette accusation indirecte, prit une physionomie hypocrite et béate d'un effet réjouissant.

— Eh quoi, — répondit-il d'un ton contrit, en mettant la main sur son cœur, — eh quoi! chère Éloa, me soupçonneriez vous? Ah! ce serait bien mal!... — Les femmes, voyez-vous, foi de diable! je m'en soucie comme de cela!! —(Il donna une nouvelle chiquenaude à son jabot.) — Je suis revenu, et depuis longtemps, croyez-le, chère et belle amie, des quelques erreurs de mon passé!... erreurs excusables, après tout, car le cœur n'y était pour rien... — Aujourd'hui, dans le monde entier il n'existe pour moi qu'une seule femme, et c'est ma reine... c'est mon Éloa!...

— Voilà de belles et bonnes paroles, — murmura madame Satan, convaincue à demi et ne luttant que pour la forme, — mais qui me garantit qu'elles soient sincères?... — Vous m'avez menti si souvent...

— Vous voulez des preuves de ma franchise?...

— Oui... oh! oui...

— Je vais vous en donner...

— Bien vrai ?

— Mais à une condition...

— Laquelle ?...

— C'est qu'une fois convaincue que vos doutes d'aujourd'hui étaient mal fondés, vous n'en aurez pas d'autres à l'avenir, vous ne vous tourmenterez plus par ces injustes soupçons qui vous font tant de mal et qui me désolent... — Me le promettez-vous Éloa ?...

— Je vous le promets...

— Me le jurez-vous ?...

— Je vous le jure, et de tout mon cœur.

— Donc, pendant les dernières heures de mon absence, vous m'avez accusé ou tout au moins vous m'avez soupçonné d'infidélité...

— Je dois en convenir,..

— Ma justification vous paraîtra complète, n'est-ce pas, lorsqu'il vous sera démontré que l'emploi de mon temps était non seulement innocent, mais encore utile au premier chef aux intérêts de notre royaume ?...

— Oui sans doute... — Que pourrais-je exiger de plus ?...

Satan d'un air triomphant tira de sa poche une longue bourse à mailles d'acier, dont un cadenas microscopique, fait d'un seul morceau de diamant, fermait l'ouverture.

Sous les chaînons de ce tricot métallique on voyait s'agiter de petites formes. A travers le tissu s'échappaient de petits cris plaintifs.

Le diable présenta la bourse à sa femme.

— Qu'y a-t-il là dedans? — demanda-t-elle en la prenant dans ses mains.

— Ma justification.

— Mais cette bourse est fermée...

— Voici la clef du cadenas.

Éloa fit jouer la serrure mignonne, et ne put contenir un mouvement de surprise et presque d'effroi en voyant s'échapper par l'ouverture une douzaine de figures liliputiennes qui se mirent à genoux devant elle en lui tendant leurs mains suppliantes, longues de quelques lignes.

— Qu'est-ce que cela? — fit-elle curieusement. — Que sont ces poupées vivantes?

— Ma récolte de cette nuit, — douze âmes que j'ai recueillies de ma propre main... et non point des âmes de vilains et de gens de peu, mais des âmes de choix, dont la moins précieuse n'est pas sans valeur... — Jugez-en... — Celle-ci appartient à un gentilhomme qui s'est ruiné au jeu entre onze et minuit, et que j'ai décidé au moment où minuit sonnait à se faire sauter la cervelle d'un coup de pistolet ! — Voilà les âmes de deux amis intimes, l'un marquis et l'autre baron qui, à minuit cinq minutes, se sont pris de querelle, grâce à mes conseils, se sont battus sous un réverbère à minuit un quart, et se sont enferrés réciproquement... — Voici l'âme d'un philosophe encyclopédiste qui, se se sentant mourir, demandait un prêtre à grands cris... — J'ai endossé la figure et la livrée de son laquais, j'ai fermé la porte au nez du curé de la paroisse, et l'ami de Diderot et de d'Alembert est mort sans confession à minuit et demi. — Voici enfin les âmes de deux procureurs, — d'un conseiller-juge au Parlement, — d'une danseuse, — d'une grande dame, — d'un médecin célèbre et de deux littérateurs de quelque mérite, bien connus dans Paris pour leurs épigrammes et leurs petits vers galants. — Croyez-vous qu'en parachevant cette ample cueillette de minuit et demi à trois heures du matin, je n'ai pas fait preuve d'une activité vraiment diabolique et qu'il me soit resté beaucoup de temps pour penser à mal ?

— Mon mari, mon cher mari... — répondit Éloa en jetant ses beaux bras autour du cou de Satan.

— J'avais tort... cent fois tort !... — mes doutes
étaient ridicules, mes soupçons étaient insensés...
—J'en conviens sans hésiter, et je suis bien heureuse de le reconnaître...

Le diable tourna la tête à demi, et fit sans être vu
de sa femme une grimace goguenarde.

Il venait d'exhiber à Éloa, en les décorant de titres
pompeux, des âmes de pacotille fournies quelques
minutes avant ce moment par un de ses racoleurs
de bas étage.

L'emploi de son temps, de minuit à trois heures
du matin, n'était donc nullement justifié.

— Me pardonnez-vous d'avoir douté de votre
amour mon bien-aimé ? — reprit Éloa tendrement.

— Je vous pardonne avec enthousiasme, mais à
condition que vous ne douterez plus à l'avenir...

— Oh ! jamais ! jamais ! jamais !!...

— Eh ! bien, que le souvenir de tout ceci s'ef-
face comme un nuage qui passe et disparaît... —
Je ne songe plus à ce léger discord... — Oubliez-le
de votre côté, et tout ira bien !... Mais il se fait
tard, ma belle reine... — Vous devez avoir besoin de repos. — N'allez-vous pas gagner votre
couche ?

— M'y laisserez-vous seule ? — murmura madame

Satan d'une voix très émue et avec un regard irrésistible.

— Oh! que nenni, vertubleu!! — Je vous accom-
pagnerai, chère amie et, foi de diable amoureux!
je me sens aussi jeune, aussi vif, aussi bien épris
qu'aux soirs déjà lointains de notre lune de miel...

Tout en débitant ces fadaises sentimentales, le
diable passa son bras gauche autour de la taille
cambrée d'Éloa, et prit avec elle le chemin de la
chambre somptueuse où se dressait sur une es-
tiade un lit magnifique à colonnes torses et à rideaux de couleur feu.

Pour une foule de raisons, — dont les meilleures sont excellentes et dont les plus mauvaises
sont très bonnes, — nous respecterons les mystères de l'alcôve infernale, — quels que puissent
être d'ailleurs, à l'égard de notre discrétion, les re-
grets de nos lecteurs et peut-être de nos lectrices.

§

Aussitôt que Satan et Éloa eurent quitté le boudoir, Aspasie et Ninon de Lenclos y rentrèrent et,
comme elles avaient écouté avec zèle et assiduité
la conversation précédente, elles se regardèrent en
riant aux éclats, ni plus ni moins que deux sou-

brettes parisiennes qui se moquent joyeusement de leurs maîtres.

Lorsque les accès de cette gaieté peu respectueuse se furent calmés par leur violence même, Aspasie prit délicatement, du bout des doigts et les unes après les autres, les pauvres petites âmes apportées par Satan, et elle les jeta par la fenêtre.

Pendant ce temps, Ninon de Lenclos ramassait un papier plié en forme de lettre, que le diable avait laissé tomber, sans s'en apercevoir, en tirant de sa poche la bourse aux mailles d'acier.

V

LE BILLET DE ROSALINDE

— Un billet ! — s'écria Ninon.

— A quelle adresse ? — fit Aspasie.

— A celle de *Monsieur le vicomte Lucifer de Sata-nas, en sa petite maison de la rue d'Enfer, à Paris....* — répondit la Française en lisant la suscription tracée par une main fantaisiste.

— Il paraît, — reprit la courtisane athénienne, — que le puissant maître de céans se donne sur la terre un nom de circonstance et possède une petite maison...

— Il est assez grand seigneur pour se permettre ce luxe-là ! — répliqua Ninon.

— L'épître ressemble fort à un billet doux, ma chère... — Est-ce ton avis ?...

— C'est évident... — Rien qu'à voir l'écriture ultra-féminine et à respirer l'odeur d'ambre et de musc qui s'exhale du papier satiné, je mettrais ma main au feu que cette lettre parle d'amour ou de quelque chose approchant... — Ma grande connaissance du monde interlope me permet même d'ajouter que la correspondante de Sa Majesté Satan doit être ce qu'en France on appelle une *impure*...

— Et ce qu'en Grèce nous appelions une *hétaïre*...

— Nous allons d'ailleurs voir à l'instant même si nos suppositions sont fondées.

Ninon déploya le billet.

— La date? — demanda Aspasie.

— Celle d'hier, jeudi.

— C'est du fruit nouveau !... — La signature ?...

— Rosalinde.

— Un joli nom...

— Oui, un nom de la Comédie-Italienne, ou du corps de ballet de l'Opéra...

— Maintenant, voyons le style de la Rosalinde en question... — Lis, — je t'écoute...

Ninon commença :

« Décidément, mon cher vicomte, vous êtes un

homme bien dangereux et dont on devrait éviter la présence avec un soin extrême lorsqu'on tient à rester calme et cuirassée d'indifférence...

» On a beau barricader son cœur derrière les retranchements de sa vertu, et sonner le tocsin pour appeler à son aide la prudence et la défiance, ces fidèles et vaillants alliés, vous êtes un si terrible vainqueur que la pauvre place devant laquelle vous mettez le siège est sûre à l'avance de se voir contrainte de battre la chamade et de se rendre à discrétion...

» Or, personne n'ignore combien est peu *discrète la discrétion* des triomphateurs de votre genre...

» La place assiégée, une fois soumise, est traitée en pays conquis...

» Mais le moyen de résister à qui est irrésistible ?...

» Donc, puisqu'il faudrait en arriver, bon gré, mal gré, un peu plus tôt ou un peu plus tard, à vous ouvrir mes portes, j'aime autant prendre mon parti tout de suite... — mais il me faut une capitulation honorable...

» En voici les articles :

» 1° Mademoiselle Rosalinde, jouant l'emploi des *Colombines* en chef et sans partage de la Comédie-

Italienne, consent à recevoir à souper chez elle monsieur le vicomte Lucifer de Satanas, dans la nuit de vendredi à samedi, sur le coup de minuit.

» 2° Monsieur le vicomte de Satanas ne sera point mis impitoyablement à la porte après le souper, et l'on verra ce que ladite mademoiselle Rosalinde se décidera à faire pour lui...

» 3° Monsieur le vicomte pourra devenir par la suite l'ami de la maison, s'il se montre digne de cette faveur.

» 4° Monsieur le vicomte offrira à mademoiselle Rosalinde une argenterie neuve, suffisante pour un petit souper de dix-huit couverts.

» 5° Mademoiselle Rosalinde acceptera.

» 6° Monsieur le vicomte offrira à mademoiselle Rosalinde un portefeuille d'une entière simplicité... Ce portefeuille contiendra environ vingt-cinq mille livres en billets de caisse.

» 7° Mademoiselle Rosalinde acceptera.

» 8° et dernier. — Si monsieur le vicomte prend ses habitudes dans la maison, il suppliera mademoiselle Rosalinde d'accepter, le premier de chaque mois, une somme minime de dix mille livres, que mademoiselle Rosalinde se fera plus que jamais un devoir de ne point refuser, dans la crainte de contrister monsieur le vicomte.

» Voilà, mon cher vicomte, les clauses de la capitulation. — Vous êtes un trop galant homme, et surtout un homme trop galant pour ne pas les approuver de tout cœur et les signer des deux mains.

» Je vous attends donc à l'heure dite, avec l'argenterie et les vingt-cinq mille livres, et je vous donne de bonne amitié le bout de mes doigts roses à baiser...

» ROSALINDE »

« POST-SCRIPTUM. N'oubliez pas d'apporter quelques diamants... — Vous en avez de fort beaux, et vous savez que je les aime à la folie!... »

. — Peste ! — s'écria Ninon après avoir lu. — Il me paraît que mademoiselle Rosalinde entend les affaires pour le moins aussi bien qu'un vieux procureur ! l — La chère enfant ne donne pas ses coquilles ! l

— Oui, — répondit Aspasie, — ce petit marché me paraît fort sagement combiné, et *ladite* demoiselle doit être une fille de sens et d'esprit. — Quand elle viendra nous rejoindre en enfer, je lui adresserai mes félicitations à ce sujet et lierai volontiers commerce d'amitié avec elle.

Ninon se mit à rire.

— Tu savais compter, toi, de ton temps ? — demanda-t-elle.

— Assez bien pour avoir amassé de mon vivant une fortune de cinq cent mille sesterces.

— Mes compliments ! !

— Et toi, Ninon, étais-tu riche sur la terre ?

— Assez pour vivre fort à mon aise et pour me montrer libérale dans l'occasion vis-à-vis des rimailleurs et des folliculaires, sortes de gens qui ne me déplaisaient point... — Ainsi, par exemple, j'ai donné ma bibliothèque à un certain jeune singe qui fait aujourd'hui parler de lui et qui nous envoie quotidiennement beaucoup de monde en enfer.

— Comment appelles-tu ce jeune singe ?

— Arouet... le petit Arouet. — Mais je crois qu'il est généralement connu maintenant sous le nom de Voltaire.

— Et, — demanda Aspasie, revenant au sujet qui les occupait toutes deux une minute auparavant, — que vas-tu faire du billet de Rosalinde?

— Le donner demain à la reine aussitôt que le roi sera parti.

— A quoi bon?

— A mettre le trouble dans le ménage, vertuchoux! ce qui est toujours amusant... — D'ailleurs
un jour ou l'autre, je l'espère bien, la reine finira
par se venger en prenant un amant à son tour...
— N'est-il pas absurde et déplaisant de venir en
enfer pour y trouver la seule femme complètement
honnête que nous ayons jamais rencontrée? — Il
faut que ça change, et ça changera! je m'en
charge!...

§

Le lendemain, messire Satan quitta de bonne
heure l'appartement royal qu'il venait de partager
avec Éloa.

Cette dernière, au contraire, resta dans son lit
beaucoup plus tard que de coutume, et ce ne fut
guère qu'au milieu du jour qu'elle sonna ses caméristes.

Aspasie et Ninon la levèrent et l'habillèrent;
puis, quand le grand œuvre de la toilette fut terminé, la Française lui présenta la lettre de Rosalinde sur un plat d'argent et lui dit :

— En me rendant aux ordres de Votre Majesté,
tout à l'heure, j'ai trouvé ce papier sur le tapis du

boudoir... je m'empresse de le remettre entre les mains de Votre Majesté.

Éloa prit le billet et, aussitôt qu'elle en eut déchiffré la suscription, elle le déploya par un geste impétueux, et lut rapidement et jusqu'au bout l'étrange épître que nous avons cru devoir reproduire.

Pendant cette lecture son visage devenait affreusement pâle.

Lorsqu'elle eut achevé, la lettre s'échappa de ses doigts crispés et s'envola jusqu'au pied du lit.

Éloa, anéantie et comme foudroyée, s'était laissée tomber sur un siège.

— Savez-vous ce que contient ce billet ? — demanda-t-elle d'une voix morne à Ninon et à Aspasie, après quelques minutes de silence.

Les deux soubrettes firent à la fois un geste de dénégation.

— C'est bien... — vous pouvez vous retirer.

La Française et l'Athénienne obéirent.

Éloa, restée seule, lut et relut à dix reprises la prose de mademoiselle Rosalinde ; — agissant à la façon des gens qui trouvent une amère volupté à retourner le couteau dans leur plaie saignante.

Elle pleura beaucoup ; puis elle essuya ses

larmes, et la colère succéda rapidement à la douleur, ou plutôt elle s'unit étroitement à elle.

La reine alors se releva, — les yeux secs et brû-
lants, les joues livides et marbrées de taches
pourpre.

Elle frappa sur un timbre.

Ninon accourut.

— Faites prévenir le roi, — lui dit Éloa, — que je
veux lui parler sur-le-champ.

Mademoiselle de Lenclos revint au bout de quelques minutes.

— Eh bien? — lui demanda la reine. — Le roi
vient-il?

— Non, madame.

— Vous dites non, et pourquoi non?

— Sa Majesté n'est point dans ses appartements.

— Mais il est dans son royaume, sans doute! —
Qu'on dépêche des courriers dans toutes les direc-
tions et qu'on lui transmette mon message. —
Allez!

Ninon hésita visiblement.

— Mademoiselle, — s'écria la reine, — qu'atten-
dez-vous pour obéir?

— Que Votre Majesté me pardonne, — murmura

la Française, — mais toutes lés recherches seront inutiles...

— Comment le savez-vous?

— Tibérius vient de m'affirmer que le roi son maître venait de quitter l'enfer sur un rayon de soleil pour s'en aller dans un autre monde.

— Sur la terre, n'est-ce pas?

— Tibérius l'ignore, ou du moins il a refusé de me le dire.

Malgré sa douceur habituelle et sa résignation presque constante, Éloa frappa du pied comme une femme colère.

Elle n'était plus maîtresse d'elle-même.

Bien souvent, nous le savons, elle avait pardonné, mais cette fois elle se sentait impuissante au pardon?

L'infidélité en elle-même la blessait moins cruellement que le rôle de dupe imposé par son mari, et accepté par elle avec une si confiante naïveté pendant la nuit précédente.

Ses lèvres balbutiaient des mots interrompus, parmi lesquels revenaient ceux-ci :

— Me tromper... — passe encore... — hélas! je n'en ai que trop l'habitude... — mais se jouer ainsi de moi.., — oh! c'est indigne!... Je me vengerai.

4.

Enfin elle se remit peu à peu et reprit sinon son calme, du moins son sang-froid.

— Ninon, — demanda-t-elle tout à coup, — m'es-tu dévouée?

— Je supplie Votre Majesté de n'en pas douter...

(Nous connaissons le dévouement de Ninon... — excellent petit cœur!...)

— Ainsi, — reprit la reine, — je puis compter sur toi?

— Plutôt que de trahir la confiance de Votre Majesté, je me jetterais la tête la première dans le lac de bitume enflammé qui fait l'ornement du quinconce.

— C'est bien. — Tu connais Fleur-de-Soufre?...

— Je le connais, oui, madame.

— Tu sais où le trouver?

— Je m'en doute.

— Eh bien, va le chercher et introduis-le ici par les escaliers dérobés et par les couloirs secrets, de façon qu'aucun des habitants du palais ne puisse le rencontrer et le reconnaître... — Va, mon enfant, et hâte-toi!...

Ninon sortit en se frottant joyeusement les mains.

VI

FLEUR-DE-SOUFRE

En entendant Éloa donner à Ninon l'ordre d'aller chercher Fleur-de-Soufre et de l'amener mystérieusement dans sa chambre à coucher par des couloirs secrets et par des escaliers dérobés, — en voyant la soubrette sortir joyeuse et se frottant les mains, certains de nos lecteurs, nous en avons la certitude, se livrent à des suppositions malveillantes et soupçonnent la triste reine de songer à une de ces vengeances immédiates que toute jolie femme a sous la main quand il s'agit d'infliger la peine du talion à un époux infidèle.

Une telle accusation semble plausible au premier abord, mais elle n'en est pas moins calomnieuse, — nous allons le prouver.

.Fleur-de-Soufre était le plus joli, le plus spirituel, et peut-être le plus perverti de tous les diablotins de l'enfer.

Éloa, quoiqu'elle ne se fît aucune illusion sur le compte du jeune drôle, le protégeait et ressentait pour lui cette tendresse quasi maternelle que les femmes vertueuses éprouvent assez souvent pour de fort méchants sujets, quand ces méchants sujets sont charmants...

Fleur-de-Soufre, de son côté, vouait à la reine un dévouement à toute épreuve, mélangé peut-être d'un peu d'amour.

Il n'obéissait qu'à elle seule et, insoumis pour Satan lui-même, il était prêt sans cesse à se plier aux moindres volontés d'Éloa.

Toutes les fois que celle-ci, dans l'un de ses fréquents accès de jalousie, avait fait suivre et surveiller le diable, c'est toujours Fleur-de-Soufre qui s'était chargé de cette mission délicate et périlleuse.

Plus d'une fois, surpris en flagrant délit d'espionnage par l'irascible monarque, il avait subi sans se plaindre de rigoureuses corrections...

Cela ne l'empêchait point d'être prêt à recommencer.

Blond et rose, joli comme une femme, Fleur-de-Soufre ne semblait pas âgé de plus de seize à dix-sept ans. — Il n'en avait à la vérité que trois mille, ce qui est l'extrême jeunesse pour un diablotin...

Il était un peu l'amant de toutes les filles du palais, et Ninon savait d'autant mieux où le trouver qu'elle le cachait en ce moment dans sa propre chambre.

Au bout de moins d'une demi-heure, la camériste rentrait chez la reine.

— Fleur-de-Soufre est dans l'antichambre, — dit-elle, — il attend les ordres de Votre Majesté...

— Introduis-le bien vite, — répondit Éloa, — et laisse-moi seule avec lui.

Le diablotin, à peine entré, mit un genou en terre devant sa souveraine et, gracieux comme *Chérubin* auprès de la *Comtesse*, il lui baisa bien tendrement et bien respectueusement la main.

— J'ai besoin de toi, mon enfant, — murmura la reine.

— Quel bonheur!... — s'écria Fleur-de-Soufre avec enthousiasme.

— Ainsi, tu es prêt à me servir?...

— Ah ! madame, je consentirais de grand cœur à passer dix mille ans dans un lac de feu, rien que pour entendre Votre Majesté me dire de sa voix si douce : *J'ai besoin de toi !*...

— Tu as cependant été cruellement châtié par le roi, lors des dernières preuves de dévouement que tu m'as données !...

— Qu'importe, madame ? — Je souffrais pour vous, et j'étais heureux.

— Songe qu'il s'agit aujourd'hui encore de remplir une mission du même genre... et que si tu te laisses surprendre, mon mari se montrera d'autant plus sévère que tu seras en récidive.

— Je redoublerai de zèle et d'adresse, et si je suis pris, quoi qu'il arrive, je m'en consolerai sans peine...

— Fleur-de-Soufre, je te récompenserai royalement.

— Si Votre Majesté me parle de récompense, elle va me gâter mon plaisir !...

— Eh bien, je ne te parlerai que de ma reconnaissance...

— Votre Majesté reconnaissante envers un malheureux diablotin comme moi !... — s'écria Fleur-

de-Soufre. — C'est trop, c'est cent fois trop !...
Enfin, madame, que faut-il faire?

— Lis cette lettre.

Éloa tendit à son dévoué serviteur le billet de Rosalinde.

— Comprends-tu? — demanda-t-elle quand il
eut achevé.

— Je comprends que Votre Majesté veut connaître ce qui se passera au rendez-vous de la nuit
prochaine.

— Oui, et comme l'ordre souverain du Maître
me défend de quitter l'enfer, ne fût-ce qu'une
heure, et d'aller sur la terre, je ne puis être ins-
truite que par toi...

— Eh bien, que Votre Majesté soit tranquille,
elle saura tout.

— Tu seras cette nuit dans la maison de l'indigne rivale que le roi me donne?

— J'y serai, madame.

— Comment feras-tu pour t'y introduire?

— Je l'ignore, madame, mais je réussirai.

Éloa prit dans une coupe d'onyx un petit sifflet
d'or.

— Tiens, — dit-elle au diablotin, — garde ceci
avec soin.

— Qu'en ferai-je, madame?

— Au moment précis où mon mari consommera son infidélité, — (tu m'entends et tu me comprends, n'est-ce pas?), — à ce moment précis, tu approcheras ce sifflet magique de tes lèvres et tu en tireras un son aigu qui montera jusqu'à moi.

— Votre Majesté daigne-t-elle me permettre de lui adresser une question?

— Certes, et je te promets de te répondre.

— Eh bien, madame, qu'arrivera-t-il alors?

— Un coup de foudre... car j'ai ma foudre aussi, moi, frappera ma rivale dans les bras de son amant.

Fleur-de-Soufre prit un air joyeux.

— Admirable!! — s'écria-t-il. — Mais le roi? Votre Majesté ne punira-t-elle point le roi?

— Eh! que puis-je contre lui? — N'est-il pas immortel ainsi que moi?... — Et d'ailleurs, si sa vie était entre mes mains, je la respecterais, je le jure!... — Quelque infâme que soit sa conduite, et si juste que soit ma colère... Je l'ai aimé, hélas! et je sens bien que je l'aime encore...

Fleur-de-Soufre baissa la tête.

Ce diablotin souffrait véritablement lorsqu'il entendait la reine parler de son amour pour le roi.

Pourquoi cela?

Demandez à Chérubin.

Lui aussi, — pauvre Chérubin! — il détestait cordialement les tendresses de Rosine pour le comte Almaviva!

Fleur-de-Soufre baisa une dernière fois la belle main blanche et fine de madame Satan, — il sortit de l'appartement, puis du palais, et déployant les deux jolies ailes d'un jaune pâle qui lui avaient valu son nom, il prit le chemin de la terre.

§

Mademoiselle Rosalinde, jouant en chef et sans partage l'emploi des *Colombines* à la Comédie-Italienne, était, je vous l'affirme, une très adorable personne.

Figurez-vous une femme de vingt-cinq à vingt-six ans, plutôt grandé que petite, avec une tournure tout à la fois espagnole et parisienne, c'est-à-dire réunissant la grâce volupteuse et la grâce piquante.

Figurez-vous un visage en même temps correct et coquet, plutôt joli que beau cependant, éclairé par de grands yeux bleus sous des sourcils noirs, et illuminé par une bouche rieuse et moqueuse

ayant des sourires lascifs à damner saint Antoine,
et des rires éclatants et railleurs à déconcerter un
encyclopédiste et un diplomate.

Figurez-vous une taille assez mince pour tenir
dans les dix doigts, s'asseyant sur des hanches largement développées; — un buste aux contours
fermes et délicats; — ces épaules plantureuses,
cette gorge provocante et facilement dévoilée, ces
beaux bras de marbre blanc, timbrés de fossettes,
que le galant dix-huitième siècle savait si bien
apprécier et que Boucher savait si bien peindre...

Figurez-vous enfin la jambe de la Diane chasse-
resse et le pied de Cendrillon, et vous aurez sous
les yeux un portrait parfaitement exact de mademoiselle Rosalinde, qui tournait toutes les têtes de
la cour et de la ville.

Quant au moral de l'intéressante comédienne,
nous en parlerons peu.

La vanité, l'esprit de calcul, et l'avarice unie à
l'ostentation, composaient le fond de son caractère.

Que dirons-nous de son cœur?

Pas un mot, — et pour cause.

Où il n'y a rien, le romancier perd ses droits!...

Comment mademoiselle Rosalinde avait-elle fait

la connaissance du terrible monarque caché sous le pseudonyme de : *Vicomte Lucifer de Satanas?*

C'est bien simple.

Le diable, — qui de tout temps fut un amateur assidu et éclairé des spectacles, — assistait à la première représentation de l'arlequinade servant aux débuts de la Rosalinde à la Comédie-Italienne.

Il éprouva tout aussitôt pour la comédienne un violent caprice et, n'ayant personne qui pût le présenter à elle, il prit le parti de se présenter lui-même.

En conséquence il écrivit séance tenante un billet par lequel il demandait une entrevue.

Ce billet écrit, la cire manquait pour la cacheter.

Satan détacha l'épingle de son jabot et s'en servit pour fermer sa lettre.

Le diamant de cette épingle valait une dizaine de mille livres.

Une ouvreuse se chargea du message.

Peut-être nos lecteurs trouvent-ils, et non sans raison, que messire Satan agissait tout à fait comme un simple mortel.

Rien n'est plus vrai, — et nous ajouterons que, de sa part, rien n'était plus logique.

Ce n'est point en sa qualité de roi des enfers

que le diable voulait et pouvait plaire et séduire.

Il lui fallait, pour avoir des chances de succès, s'envelopper de l'incognito le plus absolu.

Jupiter, de mythologique mémoire, se dépouillait de sa foudre et de ses rayons quand il faisait la cour aux filles de la terre. — Or, Jupiter n'était autre que Satan lui-même. — Qui ne sait cela?

Revenons à la Comédie-Italienne.

Rosalinde trouva fort éloquente la prose d'un gentilhomme qui fermait ses lettres avec des diamants de dix mille livres, et naturellement elle eut le désir d'entretenir avec lui des relations qui s'annonçaient dans de si bons termes.

Elle lui fit donc répondre sans retard qu'il pouvait se présenter à son petit hôtel de la rue de la Cerisaie et qu'il serait le bienvenu.

Le diable, pendant quelques jours, multiplia ses visites sans avancer beaucoup vers le résultat qu'il convoitait.

Rosalinde jouait les *Colombines* au théâtre et la *vertu* à la ville.

Dans l'un comme dans l'autre rôle elle se montrait de première force.

Elle tenait la dragée haute à son adorateur, afin d'obtenir de lui de meilleures conditions lorsqu'elle se déciderait enfin à *capituler*. — Nous reproduisons à dessein une des expressions de sa lettre.

D'ailleurs elle avait en ce moment une très forte *tocade*, comme on dit aujourd'hui en argot de coulisses, pour l'arlequin de la comédie.

Presque chaque soir elle soupait en sa compagnie et ne le renvoyait qu'au matin.

Le diable prenait patience de son mieux, en courant à droite et à gauche d'assez faciles amours.

Enfin Rosalinde supposa qu'elle avait fait attendre M. le vicomte de Satanas assez longtemps pour être sûre de se voir accorder tout ce qu'elle lui demanderait, et elle écrivit la lettre que nous connaissons, — et que, grâce à Ninon, Éloa connaissait aussi.

Nous allons conduire nos lecteurs à l'hôtel de Rosalinde pendant la nuit du rendez-vous.

VII

UNE BONNE FORTUNÉ DU DIABLE

Le chevalier Lucifer de Satanas s'était montré magnifique, ainsi qu'il convenait à un seigneur de si haut parage.

Dans l'après-midi, Rosalinde avait vu arriver des valets de pied portant de grands coffres remplis d'une argenterie si belle et si bien ciselée qu'elle éclipsait absolument le fameux service donné par Louis XV à la comtesse Dubarry.

Aussitôt après, quatre chevaux soupe-de-lait, exécutant force courbettes sur les pavés de la cour et difficilement contenus par un gros cocher à trogne rouge, poudré et galonné, avaient annoncé la présence d'un carrosse amarante.

Sur les panneaux de ce carrosse merveilleux, des incrustations d'argent et d'or traçaient les chiffres de Rosalinde au milieu de lacs d'amour.

Les roues étaient ferrées d'argent.

Trois gigantesques laquais et un heiduque colossal accompagnaient ce présent, digne d'être offert à une reine.

La comédienne achevait à peine de formuler son admiration, lorsqu'un négrillon, haut de deux pieds et demi tout au plus, et vêtu de drap d'or, lui vint remettre un portefeuille de satin blanc enfermé dans un étui de bois de sandal.

Rosalinde ouvrit avec empressement ce portefeuille.

Il contenait, non point vingt mille livres en billets de caisse, mais bien cinquante mille.

— Foi de jolie fille ! — s'écria la jeune femme enthousiasmée, — le vicomte est un gentilhomme qui sait vivre… — Le prince de Soubise lui-même ne serait pas plus généreux ! — Si je manquais à lui témoigner une reconnaissance sans limites, je serais la plus ingrate créature de la terre ! — Ah ! mes

bonnes amies vont maigrir de jalousie et de dépit !... — quel bonheur !...

A minuit moins quelques minutes, le vicomte
Lucifer de Satanas se fit annoncer.

Rosalinde l'attendait, vêtue encore du costume
avec lequel elle venait de jouer *Colombine.*

Cet admirable costume consistait en une robe
d'un rose pâle qui n'avait presque pas de corsage
et presque pas de jupe.

A la grande joie des habitués de la Comédie-Italienne, la tailleuse bien inspirée avait économisé
l'étoffe au profit de la chair, — une chair splendide,
si blanche et si rose que l'œil distinguait à peine
l'endroit où commençait l'épaule, où finissait l'é-
toffe.

Les pieds charmants de la comédienne se
jouaient dans de petites babouches turques constellées de paillettes d'or.

A peine le diable franchissait-il le seuil du salon
que Rosalinde quitta le sofa sur lequel elle était à
demi couchée et vint se jeter à son cou.

Puis, presque aussitôt, avec un mouvement de
pudeur si parfaitement bien imité que Satanas lui-
même en fut presque dupe, elle se recula en bais-
sant la tête d'un air confus, et en murmurant :

— Ah! vicomte... cher vicomte... qu'allez-vous penser de moi?...

— Je vais penser que vous êtes aussi bonne que ravissante et que je suis le plus heureux des hommes.

— Vous m'aimez donc véritablement, vicomte?

— Quelle question! — Vous aimer ne serait rien !... Je vous idolâtre... et je saurai vous le prouver !... — Je veux faire de vous la plus riche et la plus enviée des femmes... comme vous en êtes déjà la plus belle...

— Ah! vicomte, que vous parlez d'un joli style et que vous connaissez bien mon cœur ! — Quand vous dites de ces choses-là je ne me lasserais jamais de vous entendre !...

— Chère Rosalinde, avez-vous reçu les bagatelles qui m'ont précédé céans !

— Peste! des bagatelles! — cher vicomte, appelez-vous ainsi les présents les plus magnifiques?...

— C'est fort peu de chose... — mais il faut m'excuser, ma toute charmante... — le temps me manquait... — Songez que votre lettre m'est arrivée hier seulement... — Je prendrai ma revanche et je m'engage à faire beaucoup mieux que cela... — vous y pouvez compter, ma mie...

— Ah çà! vicomte, vous êtes donc bien riche?...

— J'ai quelque aisance.

— Qu'entendez-vous par là? — Les dépenses que je vous vois faire supposent des revenus énormes...

— Ne vous inquiétez pas du chiffre de ma fortune... — Contentez-vous de savoir que cette fortune est suffisante pour me permettre de satisfaire toutes vos fantaisies et tous vos caprices.

— Tous?

— Oui, — tous.

— Vicomte, je vous préviens que j'en ai beaucoup...

— Ayez-en plus encore.

— Mais si je vous ruine?

Le diable sourit.

— Soyez sans inquiétude à cet égard, — répondit-il, — j'ai plusieurs héritages en expectative. — Vous auriez beau me ruiner, je ne me trouverais pas pour cela dans l'embarras...

Rosalinde rayonnait.

— En vérité, — se disait-elle, — c'est le Pactole que ce vicomte!... c'est une mine d'or!... — oh! que bénie soit mon étoile qui m'a procuré cette bonne fortune!...

Une porte s'ouvrit et l'un des grands laquais envoyés par le diable avec le carrosse, annonça d'une voix retentissante :

— Le souper de madame est servi sur table...

Le vicomte offrit sa main à la maîtresse du logis, et tous deux passèrent dans la salle à manger.

Nous les y rejoindrons dans un instant, mais il faut pendant une ou deux secondes, nous attarder dans le salon.

L'un des principaux ornements de ce salon était une immense glace mobile, de forme ovale, dans un cadre miraculeusement sculpté.

Deux nègres de bois d'ébène, ayant des lèvres de corail, des yeux d'émail et des colliers de perles, et portant un diadème et une ceinture de plumes dorées, soutenaient cette glace devant laquelle Rosalinde essayait ses costumes de théâtre et répétait ses pas, car l'emploi des *Colombines* exigeait non seulement un comédienne, mais une danseuse.

Oh ! prodige !

A peine la porte venait-elle de se refermer derrière le diable et sa future maîtresse, qu'un des nègres remua la tête... puis un bras... puis le corps tout entier...

Un nègre de bois, est-ce possible? est-ce croyable?

Possible et croyable, oui, quand on saura que ce nègre n'était autre que Fleur-de-Soufre, déguisé en statue et s'acquittant de son rôle avec la plus consciencieuse immobilité.

Aucun meilleur moyen d'exécuter son occulte surveillance dans l'hôtel de la comédienne ne s'étant offert à l'imagination du diablotin, il avait adopté celui-là, qui d'ailleurs en valait bien un autre.

Le salon se trouvant placé entre la salle à manger et la chambre à coucher, Fleur-de-Soufre pouvait apercevoir ce qui se passait dans l'une et dans l'autre de ces deux pièces.

Il cachait dans le creux de sa main droite le petit sifflet d'or donné par Éloa, et qui devait attirer la foudre sur la tête de la malheureuse et peu innocente Rosalinde...

§

L'argenterie offerte par le vicomte étalait ses splendeurs sur la table de la comédienne.

Le cuisinier ayant mis un louable amour-propre à se surpasser lui-même, le souper offrait d'incomparables merveilles culinaires.

Les vins les plus exquis scintillaient comme des rubis, comme des topazes et comme de l'ambre liquide, dans de grands carafons en verre de Bohême.

Ces recherches de toutes sortes flattaient la sensibilité de messire Satan, fort enclin à la gourmandise, — comme aussi aux autres péchés capitaux.

Le souper fut gai tout d'abord.

M. le vicomte Lucifer était en verve bachique et galante, et Rosalinde se montrait d'autant moins disposée à la pruderie que son convive, entre deux baisers, tirait de ses poches inépuisables des colliers et des bracelets de diamants, et les attachait aux poignets et au cou de la comédienne.

Bientôt Rosalinde quitta son siège pour venir s'asseoir sur les genoux du diable ; — tous deux n'eurent plus qu'une assiette et qu'un verre, et la conversation prit une allure tellement lancée, qu'il nous est impossible de la suivre dans le dangereux sentier où elle s'engagea.

Pour achever de tourner la tête du vicomte, en déployant tous ses avantages et tous ses talents, Rosalinde chanta d'une façon délicieuse quelques couplets libertins de Collé.

Quand elle eut chanté, elle dansa, et jamais

bayadère orientale ne déploya plus de souplesse lascive et ne réalisa de plus voluptueuses et provocantes attitudes.

Bref, avant deux heures du matin, les vins d'Espagne, les chansons, les danses et les appas de la sirène avaient grisé parfaitement messire Satan, tout diable et tout monarque qu'il fût.

— Par la morbleu, ma tout adorée! — s'écriat-il d'une voix un peu moins ferme que de coutume, — je vous somme de tenir votre parole sans plus de retard.

— De quelle parole parlez-vous, vicomte? — demanda Rosalinde.

— De celle qui concerne l'un des articles de la capitulation offerte par vous et acceptée par moi... mon idole.

— Rappelez-moi cet article, vicomte, — fit la danseuse qui s'en souvenait à merveille.

— Le voici... — je cite de mémoire, ayant laissé votre délicieux billet dans la poche de l'habit que je portais hier. — *Article deux.* — *Monsieur le vicomte de Satanas ne sera point mis impitoyablement à la porte après souper, et l'on verra ce que mademoiselle Rosalinde se décidera à faire pour lui.* — Est-ce vrai?

— Oh! parfaitement exact?

— Vous ne niez point votre signature?

— Je vous jure que je n'en ai nulle envie...

Ces mots furent accompagnés d'un regard auquel le chaste Joseph lui-même aurait succombé, si madame Putiphar avait eu des yeux aussi doux que ceux de Rosalinde.

Le vicomte de Satanas se leva, s'approcha de la comédienne en titubant légèrement, et lui passa le bras autour de la taille.

— Eh bien, ma houri, — demanda-t-il, — le moment n'est-il pas venu de mettre à exécution l'article deux, ce fameux article deux?...

Rosalinde fit une révérence et répondit :

— Je suis à vos ordres, mon cher vicomte... ordonnez.

— Eh bien, j'ordonne...

— Chut! — murmura la comédienne en souriant et en mettant un doigt sur la bouche du diable, — taisez-vous! — il y a des choses qui doivent se faire, mais ne pas se dire. — Venez au salon.

— Est-ce le chemin de votre chambre à coucher?

— Oui.

— Dans ce cas, allons au salon... en attendant mieux.

Rosalinde ouvrit la porte et fit passer le diable devant elle.

Fleur-de-Soufre avait déjà repris son immobilité de statue, et l'œil le plus habile n'aurait point su distinguer le diablotin de chair et d'os du négrillon de bois sculpté.

Rosalinde conduisit le diable auprès d'un sofa.

— Cher vicomte, — lui dit-elle, — vous allez vous asseoir et m'attendre.

— Pourquoi pas vous suivre?

— Parce que je vais faire ma toilette de nuit.

— C'est une mauvaise raison !

— Elle me paraît excellente, à moi.

— Cependant, si je voulais absolument?

— N'oubliez point, vicomte, que vous n'avez pas encore le droit de commander ici.

— C'est trop juste, hélas! — mais ce droit, je l'aurai bientôt... — et j'en userai. — Enfin, serez-vous longtemps absente?

— Cinq minutes à peine.

— Et ensuite?

— Dame! — ensuite... nous verrons.

Rosalinde entra dans sa chambre à coucher et, de crainte de surprise, poussa le verrou.

VIII

CATASTROPHE

Pendant les cinq minutes qui suivirent la disparition de mademoiselle Rosalinde, le diable
s'absorba dans une de ces rêveries un peu plus
qu'anacréontiques qu'il se fait un malin plaisir
d'envoyer aux hommes lorsqu'il veut les induire à
pécher contre le sixième commandement.

A coup sûr le volage mari ne se souvenait même
point, à cette heure, que la pauvre Éloa l'attendait en enfer.

Enfin, la cinquième minute s'étant écoulée, on
entendit le petit bruit sec du verrou mignon. —
La comédienne ouvrit la porte et parut sur le seuil.

Elle avait remplacé sa folle toilette de théâtre par un long peignoir blanc d'une mousseline transparente comme un nuage, qui trahissait fort indiscrètement les appas qu'elle avait mission de cacher.

Dans ce peignoir presque diaphane Rosalinde était si vertigineusement séduisante que messire Satan, — lequel cependant devait être quelque peu blasé depuis le temps d'Ève la blonde, — poussa un cri d'admiration, et que Fleur-de-Soufre se sentit ému.

— La ville assiégée se rend à discrétion, — dit la comédienne en accompagnant ces paroles d'une œillade plus incendiaire encore que toutes celles qui l'avaient précédée, — venez, irrésistible vainqueur.

Le diable s'élança.

Fleur-de-Soufre, — fidèle à sa consigne, — approcha de ses lèvres le sifflet d'or, et se tint prêt à faire entendre le signal qui devait appeler la foudre.

Mais la bonne étoile de Rosalinde avait décidé que le tonnerre infernal ne gronderait pas cette nuit-là.

La scène que nous racontons devait tourner à la comédie et non point au drame.

Le diable, tout bouillant de désirs, allait se pré-
cipiter dans cette chambre coquette et parfumée
que les voluptés habitaient.

Au moment où il touchait le seuil, il se sentit re-
jeté en arrière par un obstacle invisible, mais insurmontable.

A trois reprises il renouvela sa tentative, sans
obtenir un meilleur succès.

— Que se passe-t-il donc? — se demanda-t-il.

Quelle puissance plus forte que la sienne se
plaçait ainsi entre lui et le but si impatiemment
convoité?

Rosalinde ne comprenait rien à ces impétueux
élans et à ces soudaines reculades.

— Eh bien, vicomte, — demanda-t-elle, — pourquoi donc n'entrez-vous point, et que signifie
cette danse inconnue que vous exécutez devant
ma porte?

Satan ne put répondre, et pour cause, — il n'en
savait pas plus long que Rosalinde elle-même au
sujet de sa mésaventure.

Mais il voulait le savoir!

Il se rapprocha pour la quatrième fois de ce
seuil infranchissable et, avançant sa tête avec précaution, il examina d'un regard soupçonneux

l'intérieur de la chambre, tendue en satin de Chine et capitonnée par la main d'un artiste.

Quelques toiles mythologiques de Boucher, — quelques pastorales galantes de Watteau, — se suspendaient de distance en distance le long des murailles.

D'abord le vicomte n'aperçut rien de suspect.

De petits Cupidons dorés soutenaient la tenture vaporeuse d'un lit non moins doré, dont les supports figuraient aussi des Amours.

Rien de plus naturel dans la chambre d'une comédienne.

Le diable poursuivait son exploration tandis que Rosalinde, stupéfaite, le regardait faire.

Soudain, il tressaillit.

Il venait d'apercevoir, dans un petit vase du Japon posé sur une console, un rameau de buis à demi desséché.

— Ma tourterelle, — demanda-t-il en désignant ce rameau du bout du doigt, — qu'est-ce que cela, je vous prie?

— Cela, — répondit-elle, — c'est du buis des dernières Pâques.

Satan frissonna de la tête aux pieds.

Rosalinde, — comme la plupart de ses collègues en galanterie qui ne croient à rien et n'ont dans la tête ou le cœur aucune idée religieuse.

— possédait cependant un certain nombre de superstitions irraisonnées et inconséquentes qu'elle aurait été fort embarrassée d'expliquer elle-même.

Ainsi, par exemple, lorsqu'elle rencontrait un convoi funèbre, elle faisait le signe de la croix, sans se rendre compte du sens symbolique de ce signe admirable et sacré.

Elle observait le maigre du vendredi-saint, tout en ignorant les souvenirs impérissables de sacrifice et de rédemption qui se rattachent à ce jour.

Enfin, et sans se douter de ce que rappelle au monde chrétien la solennité du dimanche des Rameaux, elle plaçait chaque année dans sa chambre une branche de buis bénit.

Nous devons ajouter que les trois quarts au moins des pécheresses du Paris moderne se trouvent exactement dans le même cas que mademoiselle Rosalinde et agissent de la même façon.

— Mon idole, — reprit le diable d'une voix mal assurée, — ôtez cela, je vous en prie...

— Mon rameau ?...

— Oui, ma belle amie... et faites vite, si vous avez quelque désir de m'être agréable...

— Ah çà ! vicomte, vous êtes fou ! ! — En quoi vous déplaît la présence de ce buis bénit dans ma chambre ?...

En entendant Rosalinde prononcer le mot *bénit*, Satan frissonna de nouveau.

— C'est absurde, je le sais bien, — répondit-il, — mais que voulez-vous ?... C'est une insurmontable faiblesse... la seule vue d'une branche de buis me fait tomber en pâmoison, et je n'entrerai point tant que vous n'aurez pas supprimé celle-ci...

— Étrange faiblesse, en effet ! — répliqua Rosalinde, — mais puisque vous paraissez le désirer si fort, je vais vous satisfaire...

Elle prit le rameau dans le vase du Japon et se dirigea vers la porte du salon.

Messire Satanas recula avec une terreur manifeste en s'écriant :

— Pas de mon côté, ma tourterelle... — Vertubleu ! pas de mon côté !

Rosalinde s'arrêta.

— Ah çà ! — dit-elle en riant, — savez-vous, vicomte, que quand vous seriez le diable en personne, vous n'auriez pas plus peur de ce pauvre rameau...

— Mon idole, — balbutia le prétendu vicomte dont les dents claquaient, — ne dites pas de ces choses-là — n'en dites jamais, pour l'amour de moi !...

— Mon Dieu, que vous êtes original ! ! mon Dieu, mon Dieu !...

Le diable parut au moment de tomber en défaillance et c'est à peine s'il eut la force de murmurer :

— Ne prononcez jamais ce mot-là !... jamais, entendez-vous ?... jamais ! !...

— Quoi? quel mot ? Je ne vous comprends pas, qu'ai-je dit qu'il ne faille pas redire ? — ne puis-je donc parler ni du bon Dieu, ni du diable ?

Les jambes de Lucifer ployaient sous lui, — il chancela :

— Bon ! — s'écria Rosalinde, — le voilà qui se trouve mal, à présent... — il ne manquerait plus que cela ! que Dieu ait pitié de nous !

Et elle s'approcha vivement de lui, tenant toujours à la main son rameau de buis béni.

Le diable bondit en arrière en balbutiant:

— Ne me touchez pas, Rosalinde ! !... — Eloignez-vous !... — Ne me touchez pas !...

La comédienne s'arrêta.

— Ce pauvre vicomte est tout à fait fou ! — pensa-t-elle, — mais ça m'est bien égal ! — il est assez riche pour avoir le droit de se permettre les plus grandes extravagances de la terre.

Puis, tout haut, elle reprit :

— Allons, tranquillisez-vous, je ne vous toucherai pas et j'emporte mon rameau dans une autre pièce... Seulement, laissez-moi passer, monsieur le vicomte Lucifer de Satanas...

En ce moment, un vague souvenir d'enfance lui revint à l'esprit, et elle ajouta en riant, sans se douter du sens mystique de la formule qu'elle prononçait :

— *Vade retro, Satanas !!*

Le diable poussa un grand cri et s'évanouit en fumée.

A peine venait-il de disparaître, à la profonde stupéfaction de Rosalinde, que la glace mobile supportée par les deux négrillons s'écroula sur le tapis avec force tapage, et se brisa en mille éclats.

L'un de ses supports lui faisait défaut.

Fleur-de-Soufre, abandonnant le socle sur lequel il semblait scellé, gambadait follement au milieu du salon.

Ces deux coups de théâtre se succédant, — cet amant envolé, ce nègre de bois d'ébène animé à l'improviste et pirouettant comme une toupie, —

tout ce merveilleux, enfin, ébranla le cerveau de la comédienne qui n'avait point l'habitude de vivre en pleine féerie ailleurs qu'au théâtre.

Elle lâcha le rameau de buis bénit qui venait de lui sauver la vie; — elle se laissa tomber sur le sofa et elle s'évanouit.

Une idée diabolique, — jamais l'expression n'aura été plus à propos et plus justement employée, — une idée diabolique, — disons-nous, — vint à l'esprit de Fleur-de-Soufre.

— Ah! par ma foi, — s'écria-t-il, — l'heure du berger ne sera pas, du moins, perdue pour tout le monde!...

Il prit Rosalinde dans ses bras et il franchit avec elle le seuil de la chambre à coucher, — où nous ne les suivrons pas.

§

Le lendemain matin, en se réveillant, la comédienne se trouva seule.

Elle ne conservait qu'un souvenir très confus des événements de la nuit précédente.

La disparition du vicomte Lucifer et les pirouettes du négrillon fantastique ne lui apparaissaient qu'à travers une brume, comme les événements bizarres accomplis dans les rêves...

— Le vicomte m'expliquera lui-même ce qui s'est passé... — se dit-elle, — j'ai mal dormi sans doute et mes idées ne sont pas bien nettes... — n'y pensons plus...

Elle se leva et voulut revoir les merveilleux présents de la veille.

Hélas !!...

Les colliers et les bracelets de diamants s'étaient métamorphosés en un assemblage informe de petits morceaux de charbon exhalant une odeur sulfureuse.

Le portefeuille de satin blanc ne contenait plus que des feuilles de papier gris.

La vaisselle d'argent était devenue terre de pipe.

Enfin une vieille barrique défoncée et quatre boucs barbus et puants, remplaçaient le carrosse amarante et les chevaux soupe-de-lait...

Le gros cocher, les trois laquais et l'heiduque avaient disparu...

Pauvre Rosalinde !

Ceci ne prouve-t-il pas sans réplique qu'il ne faut jamais se donner au diable?

IX

LES PANTINS DE LA REINE

En regagnant la planète de Vénus après cette nuit bien employée, Fleur-de-Soufre eut une bonne pensée,

— Les projets amoureux de Sa Majesté Satan, — se dit-il, — et sa tentative d'infidélité ont avorté complètement. — Puisqu'il me faut apprendre à la reine que son mari ne fût pas coupable, à quoi bon lui révéler en même temps les causes forcées de cette innocence? — A quoi bon faire pleurer ses beaux yeux, quand je puis au contraire sécher leurs larmes sans trahir la confiance que cette souveraine adorée a mise en moi? — Les habitants de la terre ont un proverbe qui me paraît applicable à la situation ; — celui-ci : *Toute vérité n'est pas bonne à dire !*

» En parlant je désole la reine et j'irrite le roi. — En me taisant, au contraire, ou du moins en présentant les faits d'une certaine façon que je vois d'ici, je sers à la fois les intérêts de tous les deux et je mérite bien de l'un et de l'autre. — N'hésitons pas !

Une fois son parti pris dans le sens que nous venons d'indiquer, Fleur-de-Soufre se présenta au palais et fut introduit par Ninon auprès l'Éloa.

— Que vas-tu m'apprendre? — lui demanda vivement cette dernière. — Toute la nuit j'ai attendu le signal, et ce signal n'est point venu. — Dois-je en conclure qu'il t'a été impossible de t'introduire dans la maison de cette Rosalinde, ou que tu t'es laissé surprendre par le roi?... — Laquelle de ces deux suppositions est la mieux fondée?

— Ni l'une ni l'autre ne se rapprochent de la vérité, madame... — répondit Fleur-de-Soufre.

— Eh quoi ! mon mari n'est-il donc point allé au rendez-vous ?

— Il y est allé.

— Eh bien?

— Mais, madame, — poursuivit Fleur-de-Soufre,

— les intentions du roi, en sollicitant de la comédienne une entrevue, n'étaient pas celles que Votre Majesté croyait deviner.

— Explique-toi... — Que voulait mon mari à cette fille ?

— Sa Majesté le roi aime passionnément le spectacle et raffole de l'art dramatique ; il songe à introduire dans ses États des divertissements scéniques pour ses plaisirs et ceux de Votre Majesté, et il se proposait de consulter mademoiselle Rosalinde sur les moyens de se composer une bonne troupe de comédiens.

— Et voilà tout ?

— Exactement tout.

— Me dis-tu la vérité, Fleur-de-Soufre ? Ne me caches-tu rien ?

— Je me flattais de l'espoir que Votre Majesté daignait reconnaître mon dévouement.

— Tu as raison, — j'aurais tort de douter de ta franchise. — Et qu'a répondu mademoiselle Rosalinde ?

— Rien de bon. — Elle s'était mis sottement en tête que le roi se voulait inscrire sur la liste de ses adorateurs, et quand il lui parlait *théâtre* elle répondait *amour*.

6.

— Et mon mari n'a point succombé aux séductions de cette intrigante?

— Vous en avez la preuve, madame, puisque le coup de sifflet n'a point retenti.

— Elle est jolie, cependant?

— Charmante... — mais mille fois moins belle que Votre Majesté.

Eloa rougit.

— Ne me parle jamais de ma beauté, — dit-elle, — c'est à mon mari, et à lui seul, que je désire paraître belle.

— Que Votre Majesté me pardonne... — Mes lèvres ont obéi à l'entraînement de mon cœur.

Éloa rougit de nouveau, et elle murmura d'une voix brève, mais sans colère :

— En voilà assez, en voilà trop, Fleur-de-Soufre. — Je ne dois pas et je ne veux pas en entendre davantage à ce sujet.

Le diablotin s'inclina respectueusement.

La reine reprit :

— Je suis reconnaissante du service que tu viens de me rendre, et tu m'as remplie de joie en justifiant à mes yeux mon mari... — Va, mon enfant, je ne t'offre aucune récompense; mais le jour où tu

auras besoin de ma protection, sois certain qu'elle
ne te manquera pas.

Fleur-de-Soufre baisa la main de madame Satan
et sortit.

Ninon, qui l'attendait dans l'antichambre, le
questionna sans pouvoir tirer de lui un seul mot.
— Il était silencieux et triste, — il avait le re-
mords de sa bonne action !...

Éloa, restée seule, se livra à un interminable
monologue qui peut se résumer en ces quelques
lignes :

— Mon mari s'ennuie et va chercher des distractions sur la terre. — Pour le retenir auprès de
moi il faudrait lui donner ici les distractions qu'il
aime... Mais comment m'y prendre ?

Elle réfléchit jusqu'au soir ; puis, tout à coup,
elle s'écria comme Archimède :

— J'ai trouvé !...

Seulement elle ne le dit pas en grec.

Elle envoya chercher aussitôt un vieux magicien
récemment arrivé en enfer après avoir été brûlé vif
pour ses maléfices et sortilèges.

Elle causa longuement avec lui et, quand il la
quitta, elle semblait enchantée de sa science et de
ses promesses.

Quelques jours se passèrent sans qu'on entendît parler du magicien.

Puis, un matin, il reparut au palais, escorté de deux damnés de bas étage portant sur leurs épaules une immense caisse qui semblait très lourde.

Lui-même tenait à la main deux lunettes d'or et de cristal de roche, enfermées dans des écrins de velours écarlate.

La grande caisse, toujours accompagnée par le magicien, fut déposée dans les appartements de la reine.

— Sage vieillard, — lui demanda Éloa, — avez-vous réussi ?...

— Je le crois, madame, et je viens soumettre à Votre Majesté les résultats de mon travail...

Sur un signe de la reine, tout le monde sortit, la laissant seule avec le nécromant.

Leur tête-à-tête dura deux heures.

Au bout de ce temps Éloa envoya Ninon de Lenclos prévenir le roi qu'elle le priait de vouloir bien passer chez elle.

Messire Satan accourut.

Depuis sa déconvenue terrestre il faisait profession de galanterie vis-à-vis de sa femme et prévenait ses moindres désirs.

Ce n'est pas seulement en enfer qu'on trouve des maris de cette trempe.

Nous en connaissons plusieurs à Paris qui, lorsqu'ils échouent au dehors, deviennent de véritables tourtereaux dans leur intérieur et roucoulent d'une façon charmante, — jusqu'à leur première tentative d'infidélité.

— Vous m'avez appelé, chère Éloa, — dit-il, — me voici.

— Mon ami, — répliqua la reine avec un sourire, — je vous ménage une surpise.

— Préparée par vous, elle ne saurait être que charmante ! — De quoi s'agit-il ?

— De ceci.

Éloa prit son mari par la main et le conduisit devant une table ronde, couverte d'une quantité véritablement infinie de petites figures exécutées avec un art prodigieux et représentant des hommes et des femmes de tous les âges, portant les costumes de toutes les professions et de tous les pays du monde.

Le créateur de ces innombrables poupées avait fait preuve, dans leur confection, d'un merveilleux talent. — Ce n'étaient point là d'informes figurines grossièrement taillées dans un morceau de bois et enluminées de couleurs vives et crues, — c'étaient de véritables personnages en miniature, dont les visages exprimaient un sentiment ou une passion, et dont les yeux semblaient vivants.

— Ah çà ! — s'écria le diable, — ou je me trompe fort, ou toutes ces petites gens sont des pantins.

— Vous ne vous trompez pas.

— Et qu'en voulez-vous faire, chère amie?

— Je sais que vous aimez le spectacle, — répondit Éloa, — et je veux vous donner la comédie.

— Avec les fantoccini que voilà?

— Précisément... — ce sont mes acteurs.

— Parlez-vous sérieusement?

— Oui, certes !

— Mais, ma belle reine, votre spectacle ressemblera beaucoup, je le crains, à ces exhibitions foraines où l'on me met irrévérencieusement en scène avec polichinelle et le commissaire !

— Que voulez-vous, mon ami! je ne puis vous donner la comédie italienne... mais je fais de mon mieux pour y suppléer.

Satan regarda Éloa afin de s'assurer si ces paroles ne cachaient point quelque allusion à mademoiselle Rosalinde.

La figure souriante de la reine exprimait le calme le plus parfait.

Le diable, rassuré, reprit :

— Je ne vois pas votre théâtre. — Où donc est-il?

— Vous ne tarderez pas à le connaître... — En ce moment, mon ami, veuillez me faire un plaisir.

— Je suis prêt... Parlez, j'obéis.

— Choisissez parmi les acteurs de cette troupe, ou plutôt de cette foule, un certain nombre de personnages.

— Bien volontiers; mais à quoi bon ?

— Vous le saurez... Seulement, avant tout, faites ce que je vous demande.

Satan, nous l'avons dit, était d'humeur galante.

Il se plia au caprice de la reine, si absurde d'ailleurs que ce caprice lui parût, et il prit, les uns après les autres, sur la table, plusieurs petits comédiens de bois.

Éloa les plaçait à mesure au fond d'une corbeille garnie de satin.

Dans cette corbeille furent installées successivement les marionnettes suivantes :

1° Un officier de la marine royale française;

2° Un gentilhomme au visage sombre, en splendide costume de cour ;

3° Un long et maigre personnage portant guitare en bandoulière et brette au côté ;

4° Un beau vieillard à chevelure blanche ;

5° Une foule de gens de mauvaise mine, bizarrement accoutrés de costumes en lambeaux ;

6° Une femme indéfinissable, dont le visage offrait des aspects changeants, et dont le front, tantôt jeune, et tantôt centenaire, se couvrait d'une épaisse chevelure brune et blanche.

7° Une jeune fille aux cheveux noirs ;

8° Une autre si pareille que les deux figurines semblaient une double épreuve sortie du même moule :

Ces deux jeunes filles délicieusement jolies l'une et l'autre, la première vêtue en fille du monde, la seconde portant un étrange costume et tenant à la main un petit tambour de basque ;

9° Une femme ayant déjà dépassé depuis longtemps les limites de la jeunesse, et dont la figure conservait des traces de sa radieuse beauté d'autrefois...

— En avez-vous assez ? — demanda le diable.

— Encore quelques-uns... — répondit le reine.

Satan prit alors, sans compter, des poignées de fantoccini et les jeta dans la corbeille.

— Et maintenant, qu'allez-vous en faire? — demanda messire Satan.

— Vous le saurez dans un instant... — donnez-moi le bras et montons.

— Où donc?

— A la grande tour du palais.

— Quelle singulière fantaisie vous prend de monter si haut, chère amie?...

— Ne questionnez pas, et venez.

Le diable se résigna. — Il offrit son bras à la reine et tous deux, suivis par le magicien tenant les lunettes dans leurs étuis de velours, et par Ninon et Aspasie portant la corbeille, gravirent la spirale de l'interminable escalier qui conduisait à la plate-forme d'une tour aussi haute que les sommets de l'Himalaya.

Du sommet de cette construction gigantesque on dominait le monde entier, — et le globe terrestre se dessinait dans l'espace comme se dessine pour nous la lune sur le firmament bleu.

— Ouf! — s'écria le diable en escaladant la dernière marche.

Puis il reprit, avec un accent d'interrogation :

— Et maintenant?...

— Maintenant, — répliqua la reine, — vous allez voir si mes petits acteurs savent bien jouer leurs rôles...

Satan répéta la question qu'il avait déjà adressée à la reine avant de monter à la plate-forme :

— Où donc est votre théâtre?

Éloa étendit la main vers la terre et dit :

— Le voilà...

En même temps elle prit une des marionnettes et la lança à travers l'espace. — La petite figure, au lieu de retomber, comme l'ordonnaient les immuables lois physiques, à une faible distance du pied de la tour, s'envola dans l'espace et disparut au bout de quelques secondes.

Toutes les autres eurent le même sort. — Satan assistait à cette singulière expérience et ne comprenait pas.

Quand il ne resta plus de marionnettes dans la corbeille, il s'écria :

— Voilà vos acteurs dispersés ! — Où sont-ils, et comment les retrouverez-vous ?

— Ils entrent en scène... — répliqua la reine.

— Ah ! bah !...

— Regardez...

En même temps elle présentait à son mari une des lunettes du magicien. — Satan l'approcha de son œil droit, il braqua le canon du côté de la terre et il poussa un cri de surprise. — Il voyait distinctement se mouvoir les petits personnages choisis par lui et jetés dans les airs par Éloa.—Ces personnages n'étaient plus des homoncules ou des pygmées, mais de véritables hommes et des femmes vivants et réelles... — Et non seulement il les voyait agir, mais encore il les entendait parler...

Ce que le diable vit et entendit, nous allons vous le raconter.

FIN DU PROLOGUE

PREMIÈRE PARTIE

PÉRINE & LUC

I

LE LOGIS DE LA RUE DE L'HIRONDELLE

Le 20 février 1772, — jour du mardi gras, — le temps était clair et froid, les rues sèches, même dans les quartiers populeux de Paris, malgré le déplorable état du pavage à cette époque, et la grande ville, à huit heures du soir, présentait un aspect vivant, tumultueux, bigarré, dont les mornes carnavals de la seconde moitié du dix-neuvième siècle ne sauraient donner aucune idée à nos contemporains.

En 1772, le mardi gras pouvait passer à bon droit pour un jour de fête nationale.

Paris, — d'ordinaire si mal éclairé par un nombre insuffisant de réverbères fumeux, éteints presque toujours aussitôt qu'allumés, — Paris, disons-nous, s'illuminait tout entier, depuis ses grandes voies de communication, jusqu'à ses ruelles les plus étroites, jusqu'à ses impasses les plus misérables. — Chaque fenêtre, celle du bouge aussi bien que celle de la riche maison bourgeoise ou de l'hôtel aristocratique, tenait à honneur d'arborer son lampion, sa lanterne ou son falot. — Un multiple cordon de flammes enveloppait la vieille cité et l'enlaçait de toutes parts dans des zigzags irréguliers et lumineux.

Parmi les rayonnements de ces clartés folles courait, gambadait, se pressait, parfois s'étouffait une cohue en délire, ivre de joie autant que de vin sous ses costumes bariolés, sous ses masques bizarres, — poussant des cris étranges, — chantant des refrains tapageurs, — secouant des grelots et des vessies pleines de pois secs, — agitant des crécelles, — frappant le parchemin des tambours, — soufflant dans des *cornets à bouquin*, — vociférant les formules carnavalesques du catéchisme poissard de Vadé, et parfois aussi, trop souvent même, échangeant des provocations peu courtoises, qui ne manquaient point d'amener à leur suite des dialogues à coups de poing.

Nous prions nos lecteurs de vouloir bien nous accompagner, au jour et à l'heure indiqués par nous dans les premières lignes de ce chapitre, au milieu de ces cohues ultra-bruyantes qui faisaient ressembler Paris, ce soir-là, à une immense maison de fous, dont les hôtes lutteraient à l'envi de vacarme et de déraison.

Deux hommes à cheval, — le maître et le valet, — suivaient la rue de l'Hirondelle au petit pas de leurs montures, se frayant non sans peine un passage entre les groupes masqués et avinés qui se pressaient sur le pavé de la rue étroite dont nous venons d'écrire le nom.

Ni le maître ni le valet n'étaient déguisés; mais l'un et l'autre, comme pour se conformer aux usages du mardi gras, portaient sur le visage un de ces demi-masques de velours noir qu'à cette époque, comme aujourd'hui, on nommait des *loups*.

Le gentilhomme, — à coup sûr celui des cavaliers qui marchait en avant pouvait revendiquer des droits à ce titre, — le gentilhomme, disons-nous, avait franchi les limites de la jeunesse, mais n'atteignait point encore celles de l'âge mûr.

A en juger par la souplesse et l'élégance de sa taille haute, mince et bien prise, il devait avoir de trente à quarante ans. — Son petit chapeau de feutre, bordé d'or, posé sur sa tête avec une crânerie quelque peu provocante, se penchait vers la tempe droite. — Un grand manteau de drap sombre, soulevé par le fourreau d'une longue et forte épée, enveloppait son buste et ne laissait à découvert que la main gauche qui tenait les rênes, main charmante et d'une délicatesse tout aristocratique.

La monture de ce cavalier était un remarquable genet d'Espagne qui devait posséder le mérite inappréciable d'une vitesse hors ligne, à en juger du moins par la largeur de ses jarrets nerveux et par la finesse de ses jambes.

Le costume du valet disparaissait presque entièrement, comme celui du maître, sous les plis d'un ample manteau flottant sur la croupe arrondie d'un cheval normand de grande taille, et laissant à peine entrevoir çà et là les galons éclatants d'une casaque de livrée.

Le gentilhomme dirigeait avec une habileté mer

veilleuse son genet d'Espagne parmi les méandres
de la cohue plébéienne qui, devinant en lui un
noble, peut-être un grand seigneur, et respirant
déjà sans le savoir le souffle révolutionnaire de
89, ne se dérangeait et ne s'écartait en aucune façon pour lui faire place, — L'ardent animal, con-
tenu par une main savante, piaffait sous lui presque à chaque pas; — l'écume blanchissait son
mors et, malgré la lenteur de sa marche et la ri-
geur du froid, une sueur abondante marbrait son
poitrail.

D'instant en instant des quolibets, des lazzis
dont quelques-uns dépassaient les plus larges
bornes de la licence carnavalesque pour atteindre
les proportions de la provocation insolente, sif-
flaient comme des projectiles aux oreilles du cavalier.

Il paraissait ne point les entendre et continuait
sa route sans presser ni ralentir son allure.

Le maître et le valet atteignirent et dépassèrent
ainsi la demeure historique nommée *maison de
François Ier*, parce que dans cette maison, — à ce
qu'affirme la chronique populaire, — avait logé
jadis madame de Chateaubriant, une des favorites
du roi gentilhomme.

7.

A partir de cet endroit un phénomène, qui dans le premier moment semblait inexplicable, s'offrit aux regards des deux cavaliers. — A une centaine de pas en avant, la rue, jusque-là si brillamment éclairée par une profusion de lampions et de lanternes, devenait tout à coup très obscure. — Une ombre bizarre, semblable à celle que projetterait sur les eaux d'un fleuve l'arche d'un pont jeté d'une rive à l'autre, coupait brusquement les clartés vives, qui recommençaient un peu plus loin pour ne plus s'interrompre.

Chose non moins étrange, — cette foule loquace et bruyante dont nous avons parlé devenait tout à coup silencieuse, ou plutôt muette, en traversant l'espace envahi par les ténèbres. — C'est à peine si le bruit des semelles constellées de clous, foulant les pavés, se faisait entendre. — On eût dit que cette multitude marchait en frissonnant sur cette paille de mauvais augure qu'on étend devant les logis attristés où la mort va descendre.

Le gentilhomme ne sembla ni s'étonner ni se préoccuper de ce double phénomène, dont nous ne retarderons pas plus longtemps l'explication parfaitement simple et naturelle.

Parmi toutes ces demeures enguirlandées de

points lumineux, une seule maison restait morne et noire, n'offrant au dehors pas une flamme, au dedans pas un reflet, et créant par son obscurité les ténèbres en face d'elle.

Ceci n'est point un paradoxe : — Les maisons ont leur physionomie comme les hommes. — Celle qui nous occupe offrait un aspect sinistre et, comme elle doit jouer un rôle immense dans notre récit, nous ne saurions lui refuser les honneurs d'une descriptions de quelques lignes.

Haute d'un seul étage au-dessus du rez-de-chaussée et percée de rares et étroites ouvertures, cette maison, contemporaine de François Ier, était construite presque entièrement en *pisé* et en bois, comme la plupart des vieux logis du vieux Paris.

— Des figures naïvement hideuses, sortes de cariatides en chêne sculpté représentant des monstres apocalyptiques et des diables cornus, soutenaient son toit qui formait sur la rue une notable saillie.

— Un peintre, non moins primitif que son confrère le tailleur d'images, avait enluminé jadis ces monstres et ces diables des tons les plus flamboyants dont la palette de l'enfer ait pu fournir la gamme.

A l'époque où commence notre récit, ces coloriages de haut goût n'existaient guère qu'à l'état de souvenir. — Ces grotesques et effroyables figures. déteintes, moisies, vermoulues, semblaient affectées d'une lèpre incurable, — elles se détachaient, mi-partie en noir, mi-partie en grisaille, sur l'ensemble des murailles recouvertes d'une peinture d'un rouge brun.

La porte unique et les volets intérieurs, fraîchements repeints, offraient une nuance d'un rouge vif, — rouge de feu, ou rouge de sang.

Trois marches de granit également rouge, à demi usées par les semelles de plusieurs générations, conduisaient à cette porte écarlate, toute hérissée d'énormes têtes de clous aux arêtes saillantes, et percée dans son point central d'un guichet, plus communément appelé *judas*, garni d'un treillage aux mailles serrées qui permettaient de voir depuis l'intérieur sans être vu depuis le dehors.

Au-dessous de ce judas se suspendait un énorme marteau d'acier ciselé figurant une tête de Gorgone.

Une armature de fer, d'une solidité comparable à celle des barreaux de la Bastille, protégeait chaque fenêtre comme celles d'une *geôle* ou d'une forteresse, et donnait presque au logis en question la possibilité de soutenir un siège en règle.

Au moment d'arriver devant la mystérieuse et sombre demeure que nous venons de décrire rapidement, le gentilhomme ralentit encore le pas déjà si lent de son genet d'Espagne et, se tournant à demi sur sa selle, il murmura, d'une voix basse et sifflante, les deux syllabes de ce nom breton :

— Malô !...

Le valet fit aussitôt sentir l'éperon à son cheval et se plaça d'un seul élan presque sur la même ligne que son maître, dont jusqu'alors un espace de dix ou douze pas l'avait séparé.

Il souleva de quelques lignes son chapeau lampion, et il demanda d'un ton respectueux :

— Monsieur le baron me fait l'honneur de m'appeler ?...

— Oui. — Je vais descendre de cheval...

— Faudra-t-il, comme de coutume, aller attendre monsieur le baron avec les chevaux, de l'autre côté du *logis rouge*, dans la ruelle de l'*Estouffade*?...

— Non... — Dans une foule pareille à celle de ce soir, mieux vaut se servir de ses propres jambes que de celles de son cheval... — Je reviendrai à pied.

— Dans ce cas, je dois sans doute reconduire les chevaux à la maison ?

— Oui.

— Faudra-t-il veiller en attendant le retour de monsieur le baron ?

— C'est inutile... je ne sais à quelle heure je rentrerai.

— Monsieur le baron me permet-il de disposer de ma soirée?

— Parfaitement. — Dors ou réjouis-toi, par cette nuit du carnaval, selon ton bon plaisir... — Je té recommande seulement de ne point compromettre ma livrée en courant les aventures.

— Oh ! monsieur le baron peut être tranquille !... — je sais ce que je dois de respect aux couleurs de monsieur le baron...

— A propos, tu n'as pas d'argent, je suppose?

— La supposition de monsieur le baron n'est, hélas ! que trop bien fondée.

Le gentilhomme fouilla dans sa poche.

— Tiens ! — dit-il en tendant une pièce d'or à son valet. — Prends ce louis et bois-en joyeusement tout ou partie à ma santé.

— Je ne sais comment remercier monsieur le baron !

— Bien... bien... n'en parlons plus. — Tu es un bon serviteur, et ce que je fais est peu de chose.

— Monsieur le baron me permet-il de lui adresser une question ?

— Sans doute.

Le valet se rapprocha de son maître.

Il assourdit encore sa voix, déjà très basse jusqu'à ce moment, et il murmura, en séparant par un court intervalle chacune de ses paroles :

— Faudra-t-il prendre les précautions habituelles pour changer le louis que monsieur le baron vient d'avoir l'extrême bonté de me remettre ?

Le gentilhomme sourit sous la barbe de son masque.

— Aucune précaution n'est nécessaire... — répondit-il. — Change hardiment. — Tu n'as rien à craindre.

— J'étais déjà bien reconnaissant tout à l'heure, — répliqua le valet en faisant disparaître la pièce dans sa poche, — mais maintenant je le suis vingt fois plus.

Le gentilhomme sourit de nouveau, et comme il arrivait juste en face des trois marches de granit qui conduisaient à la porte écarlate, il mit pied à terre avec la précision et la rapidité d'un écuyer de premier ordre, et il jeta aux mains de Malô la bride de son genet d'Espagne.

Le valet, obéissant aux instructions qu'il venait de recevoir, s'éloigna avec les chevaux.

La foule des masques passait toujours, les cris, les éclats de rire, les clameurs, le bacchanal enfin, cessaient comme par enchantement à la minute précise ou le flot bariolé pénétrait dans l'ombre du logis rouge.

Le gentilhomme que nous avons entendu nommer *monsieur le baron* se dirigea vers la porte.

Les passants s'arrêtèrent stupéfaits, — presque épouvantés.

L'inconnu franchit les trois marches.

Le cercle formé par les curieux s'élargit, et un frisson de terreur passa sur tous les visages.

Le visiteur souleva le marteau d'acier et le laissa retomber sur la plaque de fer.

Une sorte de grondement sourd, pareil à l'écho d'un tonnerre éloigné, retentit dans l'intérieur de la maison.

L'attroupement se dispersa soudain, comme se disperse un vol de passereaux que met en déroute un coup de fusil.

Tous ces Parisiens sceptiques, tous ces badauds avinés, dont beaucoup sans doute ne croyaient ni à Dieu ni au diable, s'enfuirent de toute la vitesse de leurs jambes, et en fuyant ils se répétaient les uns aux autres, d'une voix basse et tremblante :

— Avez-vous vu ce seigneur masqué qui frappe, après huit heures du soir, à la porte du logis rouge ? — Voilà un homme à qui la nuit du mardi gras ne portera pas bonheur !...

II

LA MAITRESSE DU LOGIS ROUGE

Franchissons le seuil de ce logis sinistre dont une terreur superstitieuse semble éloigner la foule ; — gravissons les degrés de pierre d'un escalier en spirale où le bruit des pas se répète avec une inquiétante sonorité ; traversons une petite pièce à peine meublée et tendue d'une vieille tapisserie flamande dont chaque panneau retrace une scène empruntée à l'Ancien Testament. — La faible clarté d'une lampe de cuivre, placée sur un guéridon de chêne à pied tors laisse cette sorte d'antichambre dans une demi-obscurité et fait ressembler à de pâles

fantômes les personnages bibliques aux visages indécis.

Soulevons un pan de tapisserie ; ouvrons une
porte de bois noir sur laquelle des rangées de clous
à tête de cuivre dessinent des arabesques bizarres,
et pénétrons enfin dans une vaste chambre d'aspect étrange et presque effrayant.

Figurez-vous l'un de ces intérieurs quasi fantastiques dont le magistral pinceau de Rembrandt
s'est plu parfois à reproduire sur la toile les sombres profondeurs et les mystérieux clairs-obscurs.

Une boiserie de chêne sculpté, noircie et comme
vernie par le temps, revêt les murailles jusqu'à
hauteur d'homme. — Au-dessus de cette boiserie,
une tenture de cuir de Cordoue étale ses *ors* ternis,
ses rouges presque passés, et monte jusqu'au plafond, dont les poutrelles saillantes sont alternative-
ment grises et rouges.

Une haute et large bibliothèque, pleine de lourds
in-folio aux tranches poudreuses et de petits in-
douze reliés en parchemin, garnit presque en entier un des quatre côtés de la chambre.

A la droite et à la gauche de cette bibliothèque,
deux squelettes humains aux ossements blancs et
polis comme l'ivoire, et montés par un prépara-

teur habile, sont debout sur leurs socles d'ébène, dans une attitude menaçante, et semblent les gardiens des trésors de science entassés sous les vitraux de la bibliothèque.

Un tiers à peu près de la pièce dont nous traçons pour nos lecteurs un croquis rapide, est occupé par une construction en verre qui tout d'abord attire et fixe le regard. — Cette construction forme un véritable cabinet, aux murailles transparentes, qui reçoit la lumière de partout, mais dans lequel l'air extérieur ne peut pénétrer.

Un fourneau de briques, encombré de tous les instruments de chimie, ou plutôt d'alchimie, usités déjà au moyen âge et perfectionnés au dix-huitième siècle, est l'unique meuble de ce cabinet. — Un masque de verre, attaché à un bouton de cristal, se suspend à côté des alambics et des cornues.

Sur le manteau élevé de la cheminée de granit rouge, une pendule d'écaille et de cuivre, contemporaine des premières années du règne de Louis XIV, sonne les heures avec le formidable retentissement d'un *gong* chinois. — De chaque côté se dressent les crânes gigantesques de monstres antédiluviens, des mâchoires de plésiosaures ou de dinothé-

riums, derniers et effrayants vestiges du monde colossal englouti sous les eaux.

Non loin du cabinet de chimie, une cage énorme
ou plutôt une volière, contient trois ou quatre poules
noires, — un corbeau, — une pie, — un hibou, —
une chouette, — une colombe. — Tous les individus
de ce monde ailé semblent vivre dans la meilleure
intelligence les uns avec les autres.

A côté de la cage, plusieurs jolies grenouilles
vertes et dorées, et un crapaud d'une grosseur invraisemblable, prennent fraternellement leurs ébats
dans l'eau d'un grand bassin de faïence...

Au point central du plafond, en guise de lustre,
une chaîne de cuivre soutient une sphère peinte en
bleu lapis, et sur laquelle d'innombrables étoiles
d'or disposées avec une science et une précision
irréprochables, figurent les constellations célestes.

Immédiatement sous cette sphère, et par conséquent au milieu de la pièce, se voit une table carrée
en bois noir, recouverte d'une basane cramoisie.
— Cette basane constellée de signes cabalistiques,
supporte une lampe pourvue d'un puissant réflecteur, plusieurs jeux de *tarots* de différentes gran-
deurs, et enfin un objet bizarre dont nous aurons
à nous occuper avant peu.

Nous prions nos lecteurs de vouloir bien fixer leur attention sur les détails de l'ameublement plus qu'original que nous venons de décrire. — Tous ces détails ont leur importance, tous doivent jouer un rôle dans la suite de ce récit.

Il ne nous reste maintenant qu'à indiquer, pour mémoire, diverses portes secrètes pratiquées dans la muraille, et que les moulures de la boiserie et les gaufrures du cuir de Cordoue dissimulent d'une façon complète.

Au moment où nous avons franchi le seuil de la pièce principale du logis rouge, une seule personne se trouvait dans cette pièce.

Cette personne était une femme, assise ou plutôt à demi couchée sur un grand fauteuil de tapisserie, près de la table carrée, et lisant un manuscrit poudreux aux caractères baroques et aux marges illustrées de dessins incompréhensibles.

Cette femme, petite plutôt que grande et dont une large robe de laine brune à capuchon, à peu près semblable à une cagoule de moine, ne laissait point deviner les formes, atteignait en réalité sa quarante-troisième année ; mais elle paraissait, même après un examen attentif, n'en avoir guère que vingt-huit ou trente.

Ses traits, d'une régularité idéale, offraient le type judaïque dans ce qu'il a de plus pur et de plus parfait, et l'on connaît la beauté sublime des filles du peuple de Dieu.

Sa chevelure sombre, épaisse comme une crinière de lion, ondée naturellement et dessinant cinq pointes sur l'ivoire poli du front, découvrait des tempes fraîches et nacrées, où les années en passant n'avaient point laissé leur sillon. — Des yeux de velours et de flamme, de ceux qui font involontairement rêver aux péris de l'Orient et aux houris du paradis de Mahomet, deux yeux immenses, — trop grands peut-être pour le visage auquel ils appartenaient, — rayonnaient et flamboyaient sous des sourcils d'un noir d'ébène et d'une correction miraculeuse. — Une double palissade de longs cils, gracieusement recourbés, atténuait l'éclat presque insoutenable de leurs prunelles resplendissantes. — Le nez, de forme légèrement aquiline, avait ces narines passionnées et mobiles qui se gonflent dans l'amour et dans la colère. — Les lèvres, un peu épaisses et aussi rouges qu'une fleur de corail, formaient une opposition violente et pleine de charme avec l'attrayante pâleur d'un teint mat et velouté comme le pétale d'un camélia. — La coupe élégante et la fine ciselure du menton rappelaient la pureté divine de ces marbres que l'antiquité nous a transmis comme le dernier mot de l'art idéal.

Ce visage, si merveilleusement, si étrangement beau, dans lequel la critique la plus sévère n'aurait pu signaler une imperfection, devait séduire irrésistiblement au premier regard ; mais, au second, il devait causer une sorte d'effroi.

C'est qu'en effet ces yeux admirables avaient une saisissante expression d'astuce et de duplicité. — Les narines, en se contractant, prenaient une physionomie farouche et rappelaient le rictus du tigre. — La bouche enfin, dans le repos ou dans le sourire, offrait quelque chose de voluptueux et tout à la fois de menaçant et de cruel. — C'étaient, en même temps, les lèvres de Cléopâtre et celles de Locuste.

Les pieds et les mains, étroits, cambrés, patriciens, complétaient dignement un vivant chef-d'œuvre.

La maîtresse du logis rouge, — nous l'avons dit, — étudiait avec une attention profonde les pages d'un manuscrit. — Le réflecteur, placé derrière la lampe et tourné de son côté, concentrait la plus grande partie des rayons lumineux sur son livre et sur sa figure.

Quelques reflets égarés éclairaient cependant à demi l'objet bizarre dont nous avons signalé la présence sur la basane rouge auprès de la lampe et des tarots.

Cet objet, c'était un visage humain, — une tête séparée du corps ; — la tête d'une vieille femme, d'une centenaire, — la bouche béante et les yeux vides.

Couronnée de longs cheveux blancs en désordre, tombant par mèches éparses de chaque côté des joues livides, cette tête semblait fraîchement coupée, presque vivante encore.

Hâtons-nous d'ajouter que les yeux, qui ne se seraient point fixés sans horreur et sans effroi sur cette hideuse figure, auraient été dupes d'une illusion, mais d'une illusion complète et inévitable.

Jamais en effet l'art de l'imitation n'avait été poussé aussi loin que pour ce masque de cire, intérieurement doublé de soie, qui jouait la nature à s'y méprendre. — Ce masque, destiné non seulement à cacher le visage, mais à couvrir la tête tout entière sur laquelle il s'ajustait, comme jadis les casques à visière baissée sur les crânes robustes des chevaliers du moyen âge, était travaillé avec un tel soin, nous pourrions même dire avec un tel art, qu'il devenait impossible de ne pas confondre la réalité et le simulacre.

Les paupières, éraillées et garnies de cils appauvris, jouissaient d'une mobilité parfaite et pouvaient s'ouvrir et se fermer sur les yeux. — Un mécanisme pareil à celui qui mettait en jeu les paupières, permettait aux lèvres de s'agiter, de trembler, de tressaillir, de reproduire enfin tous les mouvements qui sont propres à ces organes de la parole.

Bref, et pour nous résumer en peu de mots, ce prodigieux masque, une fois mis en place, devenait un véritable visage et semblait animé d'une vie réelle.

Certes, celui à qui l'on fût venu dire : — *Ce que vous prenez pour la peau ridée et parcheminée d'une centenaire, n'est qu'une pellicule de cire vierge adroitement modelée et peinte !* — celui-là, nous l'affirmons, aurait persévéré de la meilleure foi du monde dans une incrédulité moqueuse.

Il nous semblait utile de donner, avant toute chose, cette explication à nos lecteurs; mais rien ne doit plus nous arrêter désormais, et rien ne viendra plus nous ralentir.

Le timbre retentissant de la pendule Louis quatorzième, placée sur le manteau de la cheminée entre les crânes énormes des monstres antédiluviens, achevait à peine de sonner huit heures, — les vibrations du dernier coup remplissaient encore la chambre de leurs ondes métalliques, lorsque le gentilhomme que nous avons vu mettre pied à terre dans la rue de l'Hirondelle souleva le marteau du logis rouge et le laissa retomber.

Les profondeurs de la vieille maison répétèrent le bruit en l'agrandissant, et un grondement sourd, se heurtant à chaque marche de l'escalier, fut répercuté longuement par des échos mystérieux.

En même temps s'ouvrit une de ces portes latérales dont nous avons constaté l'existence quelques lignes plus haut, et qui se dissimulaient si parfaitement dans les boiseries et les tentures.

Un grand nègre d'Abyssinie, chaussé de brodequins écarlate et vêtu d'un costume rouge qui laissait nus son cou, ses bras, et ses jambes à partir du genou, se montra dans l'encadrement de la porte secrète.

Ce nègre géant, dont les formes vigoureuses offraient une correction sculpturale, mais dont la figure, grâce à un front déprimé sous une chevelure crépue, grâce aussi à un nez large et écrasé, et à deux énormes lèvres lippues et pendantes, ressemblait à un visage de démon, s'inclina selon la coutume orientale, en croisant ses deux bras sur sa poitrine, et murmura d'une voix basse et gutturale, avec un accent qu'aucune combinaison orthographique ne pourrait reproduire :

— Maîtresse consentira-t-elle à voir et à entendre celui qui est en bas et qui demande à entrer?...

La maîtresse du logis rouge sembla se consulter pendant quelques secondes, puis elle répondit :

— Introduis dans la maison la personne qui frappe, quelle qu'elle soit... — Conduis-la dans l'antichambre où tu la laisseras seule, et viens me prévenir.

—La volonté de maîtressse sera faite à l'instant, — répliqua le nègre qui salua de nouveau et sortit.

A peine venait-il de disparaître que la femme dont nous avons tracé le portrait rejeta sur la table auprès de laquelle elle était assise le manuscrit qui l'avait absorbée jusqu'à ce moment. — Elle ajusta sur son visage éblouissant de beauté et presque de jeunesse son masque centenaire; elle rabattit le capuchon de sa robe brune par-dessus les mèches éparses de sa fausse chevelure blanche, noyant ainsi le haut de sa figuré dans une ombre impénétrable où ses yeux seuls étincelaient comme des lucioles ; enfin elle changea la position du réflecteur, de façon à diriger toute la clarté de la lampe sur une chaise de bois sculpté placée de l'autre côté de la table, en face du fauteuil qu'elle occupait elle-même.

Le but de cette dernière manœuvre se devine sans peine.

La personne qui sans doute allait venir s'asseoir sur la chaise se trouverait forcément en pleine lumière, tandis qu'au contraire la maîtresse du logis rouge s'envelopperait du voile à peine transparent d'une obscurité protectrice.

Deux où trois minutes s'écoulèrent.

Au bout de ce temps le grand nègre vêtu de rouge reparut.

— Eh bien, Jupiter ? — lui demanda l'étrange femme.

— Maîtresse, c'est monseigneur le baron... — murmura-t-il.

— Ah! c'est le baron... — répéta la fausse centenaire. — Eh bien ! fais entrer le baron... Tu sais bien que pour lui j'y suis toujours et à toute heure.

Le nègre se dirigea sans perdre une seconde vers la porte d'ébène enrichie d'arabesques de cuivre; — il ouvrit cette porte.

Le gentilhomme au masque de velours noir franchit le seuil, et se débarrassa de son manteau de velours qu'il jeta sur un siège.

III

LUC ET PÉRINE

Après avoir fait quelques pas dans la pièce où il venait de pénétrer, le visiteur s'arrêta.

— Bonsoir, Périne... — dit-il d'une voix sonore et bien timbrée.

— Bonsoir, Luc... — répliqua la maîtresse du logis rouge.

— Il paraît que tu ne m'attendais guère aujourd'hui.

— Je l'avoue... — mais comment devines tu cela?

— Pardieu! je n'ai pas grand mérite à deviner, puisque te voilà masquée jusqu'aux dents! — A coup sûr ce masque n'était pas pour moi.

— Mais il me semble que toi-même...

— Oh ! moi, c'est bien simple. — Ce soir les rues sont pleines de monde, et j'ai profité des libertés du mardi gras pour éviter d'être reconnu au moment où je venais frapper à la porte de ta maison.

— J'admire cette prudence, mais rien ne t'empêchait, ce me semble, d'arriver par la ruelle de l'Estouffade comme de coutume !... — Cette ruelle possède une trop déplorable réputation pour n'être pas à peu près déserte aussitôt la nuit tombée, — d'ailleurs tu as une double clef de la petite porte.

— En effet, mais ce soir j'ai cherché vainement cette clef en sortant de chez moi ! — il m'a été tout à fait impossible de mettre la main dessus... Elle ne saurait être qu'égarée, cependant, et demain je la retrouverai.

— Oui, certes, il faut la retrouver !... — s'écria vivement la femme que nous avons entendu nommer *Périne*. — Il faut la retrouver, et sans retard... — Je ne me sens plus en sûreté dans mon logis, et si cette clef n'est pas rentrée en ta possession dès demain, je ferai changer la serrure.

— Dors en paix, ma belle amie ! — répondit le visiteur en riant. — Le *logis rouge* n'est point de ceux qu'affrontent volontiers les filous et les voleurs

nocturnes, et ta demeure est mieux gardée par son
renom sinistre et par la terreur qu'elle inspire que
par toute une escouade de soldats du guet... —
D'ailleurs, je te le répète, demain je retrouverai
cette clef.

Ensuite, changeant de ton, le gentilhomme
ajouta :

— Et maintenant, ma belle Périne, puisque nous
voilà seuls, puisque nul regard indiscret ne peut
nous surprendre, bas les masques ! Dépouille bien
vite la hideuse enveloppe de cire qui me dérobe
ton charmant visage ! — Tu vois que je te donne
l'exemple...

Et joignant l'action aux paroles, le baron dénoua
les cordons de soie et fit tomber le *loup* de velours
qui cachait sa figure.

Ce geste découvrit des traits réguliers, fortement
caractérisés, dont toutes les lignes offraient ce
cachet aristocratique auquel il n'est point possible
de se méprendre et qui décèle à première vue
l'homme de race pure, de *sang bleu*, comme disent
les Anglais, — en un mot le véritable gentilhomme.

Évidemment le personnage qui nous occupe était
jeune encore... — à peine avait-il atteint sa trente-
huitième année. — Cependant ses cheveux soyeux

et fins, d'une teinte fauve presque ardente et qu'il portait sans poudre, commençaient à s'éclaircir au sommet du front et s'entremêlaient de quelques fils d'argent sur les tempes.

Le nez mince, un peu long et d'une forme correcte et trop accentuée, rappelait vaguement le bec recourbé des oiseaux de proie — Les yeux étaient très grands, très expressifs, d'un bleu clair et presque gris. — Un cercle marbré, qu'on aurait pu croire tracé au charbon, se dessinait au-dessous des paupières inférieures et tranchait vivement sur la pâleur bilieuse du visage. — La bouche, aux lèvres à peine colorées, offrait une expression hautaine et moqueuse.

La taille de ce gentilhomme était haute, nous l'avons dit. — Sa tournure se trouvait en parfait accord avec l'aspect aristocratique de son visage... — Un habit de velours noir, admirablement coupé, et une culotte de peau de daim sur laquelle s'ajustaient des bottes molles montant jusqu'au genou, mettaient en relief ses larges épaules et l'élégante finesse de ses formes.

La maîtresse du logis rouge s'était démasquée en même temps que son visiteur.

— A la bonne heure! — s'écria ce dernier en

prenant la main de Périne et en la baisant avec une galanterie de grand seigneur, — je te retrouve!...
Ce hideux visage de vieille femme, dont je suis loin de contester l'utilité dans certaines circonstances, me cause toujours une sorte d'effroi...

— Comment! tu es timide à ce point, mon cher Luc!! — fit Périne avec un sourire railleur.

— Mon Dieu, oui... — Que veux-tu! c'est plus fort que moi... —La vieillesse et la laideur m'épouvantent... — L'exécution de cette tête de cire est si parfaite, si prodigieuse, qu'il me semble, quand je la regarde, me trouver en face d'une véritable centenaire. — Et cependant, foi de gentilhomme, Vénus elle-même, déesse des amours et reine de Paphos, était moins belle et moins parfaite que l'éblouissant papillon caché sous cette morne chrysalide!...

Le visiteur prit pour la seconde fois la main de Périne et la porta à ses lèvres; puis il reprit :

— Sais-tu bien, ma belle amie, que je commence à partager l'opinion du vieil adage : *Vox populi vox Dei!* en d'autres termes : *La voix du populaire est la voix de Dieu!...*

— Que dit le populaire?...

— Il dit que tu es un peu sorcière et beaucoup magicienne...

— Et tu penses qu'il a raison?

— Ma foi oui...

— A quel propos cette opinion légèrement hasardée?...

— A propos d'un secret merveilleux depuis longtemps perdu, et à coup sûr retrouvé par toi...

— Quel secret?...

— Celui de la Fontaine de Jouvence... — Tu dois te plonger chaque matin dans ses ondes magiques puisque je te retrouve chaque soir plus jeune et plus belle que la veille.

Un sourire ironique vint aux lèvres de Périne.

— Baron Luc de Kerjean, — fit-elle, — tu cherches à me flatter, donc tu as besoin de moi.

— J'ai besoin de toi en effet, — répliqua celui dont nous connaissons désormais le titre et le nom, — mais je m'inscris en faux contre le reproche de flatterie, car ce que je viens de te dire est la vérité pure...

— Enfin, que veux-tu de moi?...

— Ceci, ma belle amie, ne saurait s'expliquer en quatre paroles... — Peux-tu me donner une heure?

— Je peux te donner tout le temps que tu voudras... — Je n'attends personne... — j'ajouterai qu'il est vraisemblable qu'aujourd'hui, jour du mardi gras, à une heure déjà avancée de la soirée, personne ne viendra frapper à ma porte...

— Dans ce cas nous allons causer librement, et je réclame toute ton attention.

— Il s'agit de choses graves?

— Il s'agit de choses dont rien au monde ne saurait égaler l'importance et l'intérêt.

— Pour toi sans doute ?...

— Pour nous deux.

— Parle, — je t'écoute...

Périne s'était laissée retomber dans les bras du grand fauteuil de tapisserie que nous connaissons, et son coude s'appuyait avec nonchalance à la basane rouge de la table carrée.

Luc de Kerjean avait pris place en face d'elle sur la chaise de chêne.

— J'écoute, — répéta Périne.

— Ma chère belle, — commença le baron, — il me faut t'apprendre, avant tout, que je suis effroyablement las de la vie que je mène, et que si je devais la continuer indéfiniment je donnerais ma poitrine pour fourreau à la lame de mon épée, ou je me ferais sauter le crâne d'un coup de pistolet.

— Allons donc ! — interrompit la maîtresse du

Logis-Rouge en haussant les épaules, — allons
donc!!... quelle est cette raillerie?

— Tu ne me crois pas?

— Je l'avoue... — On parle de se tuer; mais au
moment d'en finir avec la vie, on hésite et l'on
recule...

— Tu sais cependant que je suis brave — je l'ai
prouvé vingt fois.

— Sans doute. — Oh! je sais que tu es brave
comme un lion, — mais affronter la mort dans un
duel est chose simple et ne réclame qu'un courage
assez vulgaire. — Quel est le gentilhomme, je te
prie, qui ne se bat pas gaillardement?... — Il faut
une tout autre force d'âme pour se jeter au néant
de sa propre main, et cette force d'âme, j'ai peine
à croire que tu en sois pourvu.

— Foi de baron! ce que je viens de te dire, je le
ferais...

— J'y consens, puisque tu parais y tenir si fort.
— Mais explique-moi ce qui te fait trouver l'existence à ce point odieuse...

— Eh quoi! tu le demandes?

— Puisque je l'ignore, il faut bien que tu me
l'apprennes...

— D'abord ne suis-je pas, vis-à-vis de toi, dans

un état de dépendance absolue ?... — N'as-tu pas le droit et le pouvoir, le jour où la fantaisie t'en prendrait, de m'envoyer, moi, le baron de Kerjean, moi un gentilhomme, moi, un grand seigneur, ramer sur les galères du roi ?

— Où tu ferais depuis longtemps une fort triste figure, mon cher Luc, si je ne t'étais venue en aide il y a dix ans...

— C'est vrai. — Tu m'as sauvé, — mais tu peux me perdre...

— T'ai-je jamais menacé d'abuser de mon pouvoir ?...

— Non, — mais l'arme terrible existe entre tes mains...

— N'as-tu plus confiance en moi ? — Ne t'ai-je pas donné d'innombrables preuves de mon atta-chement dévoué ?...

— J'en conviens, et j'en suis reconnaissant, comme je le dois... — mais Sa Majesté François Ier, qui s'y connaissait, n'a-t-il pas écrit ces deux vers, dont le terrible bon sens m'épouvante :

> Souvent femme varie...
> Bien fol est qui s'y fie...

— Eh bien, tu sais à quelle condition je te rendrai l'arme dont tu redoutes si fort et si mal à propos la blessure...

— Tu me la rendras en échange d'une somme de cent mille livres payée comptant...

— Il me semble que c'est un prix modéré... L'honneur et la liberté d'un Kerjean valent au moins cela...

— Ah ! si j'avais les cent mille livres ! !...

— Tu me les donnerais au plus vite... — j'en suis pardieu, tout à fait convaincue !... — Mais tu ne les as pas... — Donc n'en parlons plus, et explique-moi les autres motifs de ce grand découragement de la vie qui s'est emparé de toi tout à coup...

— Ma misère...

— Misère un peu dorée, ce me semble... — Ton élégance est celle d'un gentilhomme de bonne maison... —Tu occupes un logis fort convenable... — Tu possèdes deux chevaux, un valet de chambre, un petit laquais, — enfin tu fais dans le monde une figure assez passable. — N'as-tu pas trois cordes à ton arc?... D'abord ton bonheur au jeu, bonheur admirablement soutenu, grâce à la façon tout à fait adroite dont tu forces le hasard à se faire ton allié? — N'as-tu pas ensuite tes petites

imitations très réussies des belles monnaies d'or
frappées par notre excellent monarque Louis XV
le Bien-Aimé?... — Enfin, ne reçois-tu pas de moi
des rétributions libérales lorsque je te charge de
renseignements à prendre ou de prédictions à réaliser?... — Tout cela, ce me semble, doit constituer
une agréable aisance dont beaucoup d'honnêtes
gens se contenteraient.

— Tout cela, c'est la misère! — s'écria Kerjean,
— oui, la misère!... et c'est la fortune que je
veux...

— Il ne fallait point, dans ce cas, dévorer la
tienne en quelques mois...

— Eh! je n'ai jamais été riche!...

— Miséricorde! que dis-tu là... et à qui le dis-tu?
— répliqua Périne. — Tu oublies sans doute que
ton brave homme de père, en mourant, t'a laissé
son joli manoir breton, entouré de terres excellentes qui ne rapportaient pas moins, bon an, mal
an, de trente mille livres, en sac... — Je sais cela
mieux que personne.

Kerjean fit un geste de suprême dédain.

— Cordieu! — s'écria-t-il. — Qu'est-ce que
cela? — trente mille livres!... — la misère encore!!... moins que rien!!...

— Moins que rien !! trente mille livres de revenu !... — répéta Périne stupéfaite. — Ah çà !
mais, mon cher Luc, que rêves-tu donc ?...

— Une fortune immense !... une fortune sans
bornes, comme l'est mon ambition et comme le
sont mes désirs !... — Il me faut une gigantesque
opulence... — Il me faut des fleuves, il me faut des
océans d'or !... — Tu me demandes ce que je rêve,
je vais te le dire... — Je rêve les féeries d'un luxe
oriental, — les enivrements d'un faste babylonien !
— Je rêve des millions ruisselant de mes mains,
chaque jour, à chaque heure, pour tomber en
pluie, en cascades, en torrents, sur Paris ébloui et
fasciné !... — je rêve des joies, des fêtes et des
folies royales ! en un mot, je veux être roi ! !...

Tandis que Luc parlait ainsi, son visage s'illuminait des vifs reflets de l'enthousiasme, — ses yeux
rayonnaient, sa pâleur se colorait de tons ardents.

La maîtresse du Logis-Rouge le regardait et l'é-
coutait avec une stupeur grandissante.

— Le malheureux devient fou ! — murmura-t-elle
d'une voix si basse que M. de Kerjean ne pouvait
entendre ses paroles.

Il devina cependant la pensée secrète de Périne,
et il secoua la tête en souriant.

IV

LES AMBITIONS DU BARON

— Non, ma chère Périne, — dit le baron au bout de quelques secondes et en souriant toujours, — non, je ne deviens pas fou... — Je sais ce que je dis, — je sais ce que je veux; et tu conviendras toi-même tout à l'heure que j'ai tout mon bon sens, et que la réalisation de mes rêves splendides est possible et facile si tu me viens en aide... ...

— Eh quoi ! — s'écria la maîtresse du Logis-Rouge, — c'est sérieusement que tu parles de royauté ?

— C'est sérieusement.

— Ainsi, tu conspires !... ainsi, tu songes à renverser Louis XV de son trône et à prendre sa place, et tu dis que tu n'es pas fou ! !

— Je ne conspire en aucun façon, et nul gentilhomme ne professe un dévouement plus absolu pour le souverain qui règne à Versailles...

— Alors donne-moi le mot de l'énigme cachée sous tes paroles...

— Périne, — dit M. de Kerjean avec une sorte de solennité, — le génie de la domination est en moi !.. — J'ai conçu des plans gigantesques et dont le succès est assuré... — Je suis né pour le pouvoir absolu... — Je régnerai sur la grande cité qui est la reine du monde !... Je régnerai sur Paris ! non pas sur ce Paris banal que le soleil éclaire, mais sur le Paris nocturne, étrange, mystérieux... — Je ne suis ni le rival ni l'ennemi du roi Très Chrétien... mon diadème, à moi, pour être sans fleurs de lis, n'en sera pas moins tout-puissant... — A Louis XV la royauté du jour !... à moi la royauté de la nuit !...

— Je t'écoute et je crois rêver !...

— Tu n'es pas au bout de tes étonnements, ma belle amie, mais tu finiras par voir clair dans cette obscurité qui te semble si profonde. — Je continue : — Tu sais de quelle race je sors...

. — De l'une des plus antiques et des plus nobles de la Bretagne... — tout le monde sait cela comme moi...

— Eh bien, le vieux sang de mes ancêtres se révolte et tressaille dans mes veines... — Des voix bizarres, qui parlent pour moi seul, me reprochent à toute heure ma dégradation et mon abaissement...

— Aurais-tu par hasard une conscience, Kerjean ? — demanda Périne avec une ironie nouvelle.

— J'en avais une jadis, peut-être ; — mais elle doit être morte depuis longtemps, car depuis longtemps elle est muette...

— Alors, quelles sont ces voix étranges?...

— Celles de mon orgueil humilié, sans doute... — J'ai promis de leur obéir... — je me suis juré de me relever.

— Te relever?... — comment? — Si c'est par la vertu, je crois qu'il est trop tard...

. — Non point par la vertu, Périne, mais par l'audace, par le génie, par le succès... — Descends au fond de ma pensée, qu'un exemple va rendre plus claire. — L'homme qui dérobe deux louis dans la poche d'un passant est un coupeur de bourse... — on le pend... — L'homme qui prend une province

au roi son voisin est un conquérant... — on le couronne de lauriers...

— Et tu veux conquérir?...

— Je le veux.

— Quoi?

— La richesse et le pouvoir.

— Par quels moyens?

— Sais-tu ce que je fais depuis bientôt deux ans?

— Mais, si j'en crois ce que tu m'as dit cent fois
toi-même, tu cours jour et nuit les brelans mal
hantés, les tavernes, les maisons suspectes, cherchant partout et trouvant des dupes... — En outre,
dans tes moments perdus, tu étudies à huis clos,
non sans quelque succès, le grand art de la fausse
monnaie... — Est-ce vrai, cela? est-ce exact?...

— C'est exact et c'est vrai... — mais tu ne connais qu'un seul côté de ma vie... celui que je t'ai
laissé voir...

— Il y en a donc un autre?...

— Oui, et cet autre, le voici... — Depuis deux
ans, dans ces brelans, dans ces tavernes, dans ces
lieux suspects que je hante en effet jour et nuit,
j'organise lentement, fortement, silencieusement,
parmi les ténèbres, une association mystérieuse
dont je tiens seul les fils, et qui réunira bientôt

dans ma main puissante l'immense population des bandits qui rampent et qui grouillent dans les bas-fonds du Paris inconnu...

— Que veux-tu faire de ces bandits ?...

— J'en veux faire un armée formidable, invisible, invincible...

— Contre qui ?...

— Contre la société tout entière...

— En un mot, tu prétends monopoliser et enrégimenter le brigandage ?...

— Vive Dieu ! ma chère Périne, — s'écria le baron joyeusement, — voici que tu devines à merveille ma pensée et que tu trouves fort à propos le mot propre... — Oui, comme tu l'as si bien dit, j'enrégimente plusieurs milliers de coquins, je leur donne une organisation, des chefs, dont je reste chef suprême, et je centuple leurs forces en les réunissant. — Rappelle-toi la fable de La Fontaine... — Ce n'est pas tout...

— Qu'y a-t-il encore ?...

— Il y a la fausse monnaie...

— C'est juste !! — l'une des trois cordes de ton arc !... — En effet, je n'y songeais plus...

— Supposes-tu, ma chère belle, pour répéter tes propres paroles, que *j'occupe mes loisirs* à toutes

sortes de travaux arides [et d'expériences nauséa-
bondes sur les alliages, les creusets, les balanciers,
pour arriver au misérable résultat de mettre en
circulation, à grand'peine, quelques pièces d'or
plus ou moins bien imitées ?... — Allons donc!...
— Si tu crois cela, tu me connais bien mal et tu me
juges pauvrement! — J'ai cherché, — j'ai trouvé.
— Je possède aujourd'hui, non point la pierre phi-
losophale mais presque son équivalent, c'est-à-
dire le secret de donner au métal sans valeur, au
plomb, à l'étain, l'apparence exacte, le poids, la
sonorité de l'or... — Je veux, moi aussi, battre
monnaie sur une immense échelle!... — Je veux
avoir des ateliers plus vastes que ceux des ouvriers
du roi!... — Je veux entasser chaque jour cinq
cent mille louis dans des tonnes inépuisables, et
réaliser enfin mon rêve, en faisant ruisseler sur
Paris les flots d'un océan d'or!...

Kerjean se tut.

Après un instant de silence, et voyant que la
maîtresse du Logis-Rouge restait muette et les
yeux baissés, il demanda :

— Que dis-tu de ce plan, Périne?...

— Je dis qu'il est grandiose et séduisant, et que
certes il n'émane point d'une intelligence vulgaire...

— Bref, tu l'approuves ?

— Je l'approuverais de toutes mes forces s'il était réalisable...

— Crois-tu donc qu'il ne le soit point?

— J'en suis sûre.

— Pourquoi?

— Pour plusieurs raisons.

— Lesquelles?

— D'abord, une telle entreprise, tu ne saurais en disconvenir, exige impérieusement une énorme première mise...

— Le fait est positif, mais j'ai fait des calculs exacts, — je me suis rendu compte de ce que devait être cette première mise.

— Et le chiffre?

— Oh ! une bagatelle... — huit cent mille livres tout au plus...

Périne fit un brusque haut-le-corps.

— Malepeste! — dit-elle ensuite en riant, — tu appelles cela une bagatelle?...

— Quand il s'agit de centaines de millions, huit cent mille livres sont bien peu de chose.

— D'accord... — mais encore faut-il savoir où les prendre... — et je crois, entre nous, que tu ne le sais pas...

— Tout à l'heure nous en parlerons... Quant à présent, continue tes objections...

— Voici la seconde : — Des ateliers de fausse monnaie pareils à ceux que tu rêves ne sauraient s'étaler en pleine civilisation. — Il leur faudrait des cachettes introuvables, de vastes souterrains comme en recèlent, dit-on, certains vieux châteaux abandonnés des Pyrénées et des Apennins... — Mais, hélas ! des centaines de lieues te séparent des montagnes inaccessibles et des manoirs antiques...

— Que ceci ne t'inquiète point... — les souterrains sont trouvés....

— Loin de Paris?...

— A Paris même.

— C'est impossible !...

— Impossible ou non, cela est. — En veux-tu la preuve?

— Je doute que tu puisses me la donner.

— Tu possèdes déjà les trois quarts de mon secret, Périne... je n'hésite point à te le livrer tout entier... — Il existe dans le haut de la rue d'Enfer, non loin du palais Médicis, un immense hôtel, désert depuis nombre d'années, auquel se rattache une funèbre et sanglante légende dont je te fais grâce en ce moment et qui lui a valu, dans le quar-

tier du Luxembourg, le surnom de l'*hôtel du diable*.
— Ce lugubre logis passe pour servir de lieu de
rendez-vous aux mauvais esprits... — Naturellement il est à vendre et ne trouve point d'acheteurs ;
— on n'a pu même décider à prix d'or de pauvres
gens qui mouraient à peu près de faim à s'en constituer les gardiens... — Les propriétaires actuels
le donneraient avec empressement pour la somme,
quelle qu'elle fût, qu'on voudrait bien leur en offrir...

» Eh bien, cet hôtel, je l'ai visité et j'en ai surpris les secrets... — Il communique, grâce à des
passages inconnus, avec une partie des catacombes
séparée par des éboulements déjà anciens des
autres cryptes creusées sous la grande ville... —
Outre l'issue dont je viens de te parler, et qui
s'ouvre dans les caves mêmes de l'*hôtel du diable*,
les souterrains en ont deux autres, l'une aboutis-
sant à une citerne de la rue *Tombe-Issoire*, citerne
perdue dans un terrain inculte et sans valeur, dont
l'acquisition serait facile ; l'autre conduisant à une
carrière abandonnée de la plaine de Montrouge...
Tu vois, ma belle amie, qu'il est moins impossible
que tu ne le croyais de trouver, en plein Paris, l'é-
quivalent des vieux châteaux des Pyrénées et des
Apennins... Qu'en dis-tu ?

— Je dis que tu as réponse à tout.

— Te reste-t-il des objections à m'opposer?

— Plus que deux.

— Voyons.

— La police, en premier lieu, qui me semble fort à craindre... M. le lieutenant général Thiroux de Crosnes a sous ses ordres des argus vigilants et des limiers de premier ordre... D'ailleurs, dans une armée comme la tienne, il se rencontrera des traîtres... tu seras dénoncé.

— Que m'importe? — Ne serais-je pas mille fois plus riche qu'il ne faut pour étouffer les délations et me moquer des délateurs?...

— Le lieutenant de police est un honnête homme... on ne peut le corrompre.

— D'accord, mais, — tu le sais comme moi, — il est entouré d'agents subalternes qui sont des coquins, et s'il est de l'intérêt de ces coquins que monseigneur Thiroux de Crosne ignore ce qui se passe, sois convaincue qu'ils empêcheront bien les dénonciations d'arriver jusqu'à lui... Les alguazils deviennent facilement aveugles quand on leur attache à propos sur les yeux un bandeau rempli d'or... — Ceci est élémentaire...

— Reste une dernière difficulté, que tu ne lèveras point sans peine, je le crains... — Comment expliquer au monde qui veut tout savoir, et qui demande compte de tout, ta prodigieuse et subite fortune?... — Comment opérer enfin l'émission de la fausse monnaie sur une échelle aussi colossale sans te compromettre et sans te perdre ?...

— Je vais répondre à ceci, et en même temps à une autre question restée en arrière...

— Quelle question?...

— Ne te souviens-tu plus que tu m'as demandé où je comptais prendre les huit cent mille livres indispensables pour commencer mes opérations?

— Je t'ai demandé cela, et voici ta réponse : — *Nous en reparlerons tout à l'heure...*

— Reparlons-en donc... — Pour que la réalisation de mes beaux plans devienne possible, il me faut non seulement les huit cent mille livres en question, mais encore une chose plus difficile à conquérir que l'argent lui-même... — il me faut un moyen de réhabiliter mon passé... un moyen de faire oublier ma réputation, sinon tout à fait mauvaise, du moins compromise par une existence hasardeuse... un moyen de rentrer la tête haute dans le monde où m'avait placé ma naissance, et d'où je me suis banni volontairement après ma ruine, pour

ne point donner aux gens de ma caste le triste spectacle de la misère et des hontes d'un gentilhomme...
— un moyen, enfin, de me placer si haut que nul
soupçon ne puisse m'atteindre, nulle accusation
monter jnsqu'à moi...

— Et ce moyen?...

— Tu ne le devines pas!...

— Non, je l'avoue..,

— Il est cependant d'une simplicité toute primi-
tive. — Il ne s'agit que d'un mariage avec une fille
de grande maison, m'apportant un million tout de
suite et deux autres millions plus tard..

Périne se mit à rire de bon cœur.

— Si peu que cela! ! — dit-elle. — Tu n'es pas
ambitieux mon cher baron! — oh! mon Dieu non!
Enfin, cette fille de grande maison, ce joli million
de dot, ces deux millions en espérance, les as-tu
trouvés?

— Je crois que oui, — répondit Kerjean de l'air
du monde le plus naturel.

V

UNE AVENTURE AUX TUILERIES

La maîtresse du Logis-Rouge continuait à rire d'un air parfaitement moqueur.

— Ma belle amie, — fit le baron, — il me semble que tu n'ajoutes qu'une fois médiocre à ce que je viens d'avoir l'honneur de te dire...

— Mon cher Luc, — répondit Périne, — tu avais bien raison de m'affirmer tout à l'heure que tu me révélerais un côté nouveau de ta vie, et surtout une face tout à fait ignorée de ton caractère... — Je découvre ce soir en toi un homme qui m'était inconnu... — Cet homme, il faut que j'en convienne, ne me paraît pas jouir d'un bon sens absolu, puisqu'il se repaît complaisamment de folles chimères, et ses splendides espérances ressemblent fort, selon moi, à de naïves illusions... — J'espère que ma franchise ne t'offense pas.

— M'offenser! — répliqua M. de Kerjean, — allons donc!... — toi et moi, ma belle Périne, et chacun de notre côté, nous subissons la loi commune.

— Je devais m'attendre, et je m'attendais en effet à ton incrédulité railleuse, car il est sans exemple qu'un homme de génie n'ait pas été contesté d'abord.

— Tout ceci n'empêche pas que mes prétendues illusions ne soient de belles et bonnes réalités... — Le mariage que j'ambitionne comme devant être le premier échelon de mes hautes destinées, est possible, parfaitement possible, et je me crois en mesure de te le démontrer...

— Démontre-le donc.

— Hier, il m'est arrivé une aventure...

— Une aventure galante?

— Non pas, — mais dans laquelle du moins j'ai joué le rôle d'un galant homme...

— Y-a-t-il une femme dans ton aventure?...

— Il y en a même deux...

— Raconte... — je ne demande pas mieux que de t'écouter avec intérêt...

— La journée d'hier était magnifique, — froide et sèche, avec une petite gelée et un beau soleil, — enfin, un véritable temps de promenade...
— Vers les deux heures de l'après-midi, je me rendis au jardin des Tuileries dont une foule plus nombreuse que choisie encombrait les allées... — J'avais un rendez-vous au cabaret de Renard, situé, comme tu le sais, au plus bel endroit du jardin.

— Rendez-vous d'amour?

— Non, — rendez-vous de jeu, — avec trois gentilshommes de province qui me réclamaient leur revanche d'une superbe partie de pharaon gagnée par moi la veille...

— Trois pigeons à plumer! — murmura Périne.

Sans se préoccuper de cette demi-interruption, le baron de Kerjean reprit :

— Je n'étais plus qu'à vingt-cinq ou trente pas du cabaret à la mode, lorsque je vis se diriger de mon côté deux femmes...

— Les héroïnes de ton récit sans doute?

— Elles-mêmes... — L'une était vieille, avec la physionomie rébarbative de ces duègnes au menton barbu que l'on rencontre à chaque page dans les romans espagnols... — L'autre était une jeune fille.

— Jolie?

— Laisse le champ libre à ton imagination, — invente la beauté la plus exquise et la plus complète, et tu te trouveras toujours et malgré tout au-dessous de la vérité... — Figure-toi la pâleur dorée d'un visage de créole, — de grands yeux éblouissants, le pied d'une nymphe, la taille d'une fée, — figure-toi...

— Peste ! cher baron, quel enthousiasme ! — s'écria Périne. — Comme tu prends feu !

— Serais-tu jalouse? — demanda Kerjean.

Pour toute réponse, la maîtresse du Logis-Rouge haussa les épaules.

— A merveille, — répliqua le gentilhomme, — mais alors pourquoi m'interrompre? — Je continue... — Cette jeune fille, outre sa beauté, avait un grand air de noblesse auquel il était impossible de se méprendre.

— Cependant — interrompit de nouveau Périne, — deux femmes seules au milieu de la cohue, dans le jardin des Tuileries, ne pouvaient être, j'imagine, que des aventurières cherchant fortune.

— Tu ne m'as pas laissé le temps d'ajouter que derrière elles se pavanaient trois laquais, de la mine la plus arrogante et galonnés sur toutes les

tailles... de vrais laquais de grande maison ! — Au
moment où la duègne et la jeune fille allaient se
croiser avec moi, une demi-douzaine d'officiers des
gardes-suisses sortirent brusquement et bruyam-
ment du cabaret de Renard... Ces messieurs venaient de sacrifier à Bacchus un peu plus que de
raison, à en juger par le débraillé trop complet de
leurs uniformes et par le déhanchement invraisemblable de leur allure... L'un d'eux aperçut la charmante enfant qui hâtait le pas pour éviter la rencontre de la troupe avinée. Il courut à elle et, sans
plus de cérémonie, se mit en devoir de la prendre
dans ses bras et de l'embrasser. — Aux cris de la
la jeune fille, les trois laquais mirent l'épée à la
main et fondirent sur l'agresseur. — Les cinq officiers s'élancèrent au secours de leur camarade...
La foule, à la vue des épées nues, se dispersa avec
une incroyable vitesse dans toutes les directions...
Bientôt je me trouvai parfaitement seul, à quelque
pas de la mêlée. — En moins d'une minute les laquais furent renversés, maltraités et foulés aux
pieds... — Les vainqueurs, dont ce facile triomphe
quadruplait l'ivresse, faisaient déjà mine d'entraî-
ner la jeune fille dans lo cabaret de Renard, malgré
les clameurs désespérées de la duègne... J'inter-

vins alors,... je dégainai à mon tour et je dis aux officiers avec un calme parfait :

» — *Ou je me trompe fort, messieurs... et je ne crois pas me tromper, — ou vous êtes de ceux qui n'ont de courage que contre des femmes et contre des laquais... Ne partagez-vous point cet avis?*

» J'avais à peine achevé ces mots qu'ils m'attaquaient tous les six à la fois...

— Six épées contre une seule! — murmura Périne. — Sais-tu, mon cher Luc... que la situation était périlleuse!

— Je le crus un instant, — répliqua le gentilhomme, — et lorsque je me vis enveloppé par un cercle de fer, je m'avouai à moi-même que je venais de me jeter follement dans une méchante aventure... Par bonheur, et grâce sans doute aux libations accomplies, mes adversaires n'avaient ni le poignet bien ferme, ni le coup d'œil bien juste... Bref, ma bonne étoile me vint en aide... Je tuai roide l'un des officiers, j'en blessai grièvement deux autres... — Je désarmai le quatrième en brisant son épée. — Quant aux deux derniers, démoralisés par le début de ce combat, et jaloux de mériter l'épithète de *lâches* que je leur prodiguais, ils battirent en retraite, abandonnant sur le terrain leurs compagnons blessés, et ils disparurent en toute hâte sous les arbres, dans une allée latérale.

— Admirable! — s'écria la maîtresse du Logis-Rouge avec un enthousiasme à demi sincère, à demi moqueur. — Voilà une bataille vraiment épique et chevaleresque! ! Il me semblait tout à l'heure ouïr le récit des merveilleux exploits du chevalier de l'Ardente-Épée, pourfendant les douze géants ravisseurs de la belle Rosalinde aux cheveux d'or...

— J'attends la suite avec impatience...

— La suite n'offre rien d'imprévu, rien du moins qu'il ne te soit facile de deviner, quand bien même je m'arrêterais là... — Je m'approchai de la jeune fille en lui disant : — *Vous n'avez rien à craindre, mademoiselle; mais comme vos laquais sont hors d'état de vous faire escorte, permettez à un gentilhomme très heureux d'avoir pu vous être utile, de vous offrir son bras pour vous conduire jusqu'au but de votre course...*

— Offre qui fut acceptée?... — interrompit Périne.

— Naturellement. — La jeune fille s'appuya sur mon bras, toute tremblante, toute rougissante, muette d'émotion, tandis que le duègne m'accablait des protestations d'une reconnaissance hyperbolique... — Après ce qui venait d'avoir lieu, la belle enfant ne pouvait songer à continuer sa promenade... — Ce fut donc du côté de l'hôtel de sa famille que nous dirigeâmes nos pas... — Je fus présenté au père et à la mère de ma protégée, accueilli par eux avec les transports de gratitude que je méritais bien légitimement, et chaudement invité à considérer à l'avenir leur maison comme la mienne... — Or, ces gens-là sont de fort grands seigneurs... ils portent l'un des noms les plus retentissants de l'antique noblesse française... — En les quittant j'ai pris avec adresse quelques renseignements sur leur fortune... — Elle est de trois millions, ce qui constitue un chiffre agréable, et leur fille unique recevra, le jour de son mariage, une dot d'un million...

— Ainsi, — demanda la maîtresse du Logis-Rouge, — c'est cette fille unique que tu te proposes de prendre pour femme?

— C'est elle-même.

— Et tu regardes ce mariage comme possible?

— Oui, certe ! — Je porte un nom illustre, après tout. — J'ai sauvé la vie peut-être, l'honneur à coup sûr, à celle dont je veux demander la main ; enfin, j'ai la conviction ferme que, si tu me viens en aide, on ne m'accueillera point par un refus.

Périne hocha la tête à plusieurs reprises, d'un air dubitatif.

— Te venir en aide! — fit-elle ensuite. — Et comment?

— En me prêtant un millier de louis.

— Miséricorde! — Mille louis!

— La somme en elle-même est peu de chose.

— Tu deviens fou, mon cher baron!! — Et que ferais-tu de cet argent, je te prie?

— On ignore généralement ma ruine absolue, et beaucoup de gens ne soupçonnent point les expédients hasardeux grâce auxquels je parviens à *dorer ma misère*, ainsi que tu le disais au commencement de notre entretien. — Tes mille louis me serviraient à soutenir dignement mon nom et à vivre pendant quelques semaines comme doit vivre un homme de mon rang. — Ce n'est point, du reste, un service gratuit que je sollicite de toi... — Jette dans més mains quelques poignées d'or, et le jour même de mon mariage, outre les cent mille livres qui doivent racheter ma liberté, je t'en donnerai deux cent mille autres. — Que penses-tu de cette offre?

— Je la trouve la plus belle du monde.

— Alors, tu l'acceptes? — s'écria le baron joyeusement.

— Non pas. — répondit Périne avec une vivacité significative, — je n'ai garde !

— Pourquoi?... oui, pourquoi?...

— Parce que ce mariage ne saurait avoir lieu... — parce qu'un grand seigneur trois fois millionnaire ne jettera certainement point sa fille et sa fortune au baron de Kerjean, excellent gentilhomme sans doute, mais compromis de réputation et perdu e dettes !... — Je te l'ai dit déjà, et je te le répète, pour songer à une telle union il faut être insensé !...

— Périne... chère Périne... — murmura M. de Kerjean avec une insistance suppliante, — je t'en conjure... je te le demande à genoux, ne me désespère pas !... — Je te jure que j'ai foi dans mon étoile !... —Donne-moi seulement les moyens de tenter la chance!... — Si tu trouves que mille louis c'est trop, je me contenterai de cinq cents... — Voyons, Périne, donne-m'en cinq cents...

— Pas plus cinq cents que mille, mon pauvre baron...

— Songe donc que si je réussis, en échange d'une misérable somme c'est trois cent mille livres qui tomberont dans tes coffres !...

— Oui, mais tu ne réussiras pas.

— Il me semble que l'enjeu est assez beau cependant?... — il me semble qu'il vaut la peine de risquer la partie !...

— A quoi bon risquer une partie perdue d'avance ?...

— Ainsi, rien ne peut te fléchir ?... — Ainsi, tn me refuses ?...

— Il le faut.

— Laisse-moi du moins quelque espoir de t'attendrir... de te convaincre...

— S'il te suffit d'un peu d'espoir, en voici : — Trouve un moyen de me prouver que tu as, non pas la *certitude*, non pas même une *probabilité*, mais une *possibilité* de réussite, et je ferai ce que tu me demandes...

— Comment te prouver cela?...

— C'est ton affaire... Ce qu'on cherche bien, presque toujours on le trouve... — Cherche, tu trouveras peut-être... — En attendant, rien ne t'empêche de mettre en jeu toutes les ressources de ton esprit, et de séduire irrésistiblement l'homme de qui dépend ton avenir, le grand seigneur trois fois millionnaire dont tu convoites la fille et la fortune... — A propos, comment se nomme-t-il, ce grand seigneur?...

— Il se nomme le duc de Simeuse.

Périne tressaillit visiblement.

— Le duc de Simeuse!... — répéta-t-elle.

— Oui, — le dernier descendant de l'une des plus vieilles races de l'Anjou.

— Son hôtel est situé rue Clovis, n'est-ce pas, à l'angle de la rue des Fossés-Saint-Victor, sur la montagne Sainte-Geneviève? — reprit la maîtresse du Logis-Rouge.

— Tu connais cet hôtel? — demanda le comte, non sans étonnement.

Périne ne répondit pas.

Elle quitta son siège et, détachant de la ceinture de sa robe un trousseau de clefs, elle ouvrit la porte de fer d'une armoire profonde, cachée dans un des panneaux de la boiserie.

Elle tira de cette armoire un énorme volume in-folio, relié en cuir rouge et garni de fermoirs d'acier. — Elle plaça ce volume sur la table, et elle le feuilleta d'une main agitée, en remontant jusqu'aux premières pages.

Chacune de ces pages, couverte d'une écriture fine et serrée, portait une date.

Après une recherche de plusieurs minutes Périne trouva ce qu'elle cherchait, et relut un feuillet tout entier avec une profonde attention.

Ensuite elle releva la tête, et, regardant le baron elle lui demanda :

— La fille des Simeuse se nomme *Jane?*

— Tu ne te trompes point, — répondit le gentilhomme. — Elle se nomme Jane.

— Son âge?

— Vingt ans.

En ce moment la pendule sonna lentement neuf heures.

— Oui ! — murmura Périne, d'une voix sourde, mais assez haute cependant pour être entendue du baron, — oui, — il y vingt ans... le 20 février 1752, — à pareille heure, Jane de Simeuse venait au monde ! — Cette science magique que je pratique et que je raille n'est-elle donc pas une science vaine, et ces fatidiques augures que j'interroge sans les croire dévoilent-ils parfois l'avenir? Quoi qu'il en soit, cela est étrange !

La maîtresse du Logis-Rouge se laissa retomber sur son fauteuil et, la main étendue vers le livre mystérieux, elle répéta pour la seconde fois :

— Oui, en vérité, cela est étrange!

VI

L'AVENTURE DU 20 FÉVRIER 1752

Pendant quelques minutes, le baron de Kerjean respecta le silence et la préoccupation de Périne.

Enfin, voyant que la maîtresse du Logis-Rouge s'absorbait de plus en plus dans sa pensée, il prit le parti d'interroger.

— Depuis bien des années, ma belle amie, — lui dit-il, — nous n'avons guère de secrets l'un pour l'autre... — Je me crois donc aujourd'hui presque en droit de te demander quels souvenirs te rappelle ce nom de Simeuse, qui devrait être ignoré de toi.

— Ce nom me rappelle des souvenirs en effet, —

murmura Périne, — et le hasard étrange qui choi-
sit ce jour et cette heure pour les raviver dans ma
mémoire, me remplit d'un trouble involontaire.

— Je n'ai d'ailleurs aucune raison pour ne point
satisfaire ta curiosité et mon récit, insignifiant
sans doute pour tout autre, sera pour toi plein
d'intérêt, puisqu'il se rapporte directement à cette
belle Jane de Simeuse dont tu prétends devenir le
mari.

— Entre Jane de Simeuse et toi, quels rapports
peuvent exister?

— Tu le sauras bientôt. — Il n'y a qu'un instant
tu me racontais une aventure d'hier dont tu es le
héros... — Celle que tu vas entendre, et dans laquelle j'ai joué le rôle principal, est infiniment
moins récente... — elle nous reportera à vingt ans
en arrière...

— A l'année de la naissance de Jane ? — interrompit Kerjean.

— Non-seulement à l'année, mais encore au
jour et à l'heure de cette naissance... — répliqua
Périne. Écoute-moi donc...

— Jamais attention ne fut plus profonde que la
mienne...

— Il y a vingt ans, — commença la maîtresse du

Logis-Rouge, — le mardi gras tombait, comme cette année, le 20 février. — J'étais bien jeune alors, — j'arrivais à peine à Paris, du fond de notre Bretagne. — Je n'habitais pas encore cette grande et lugubre demeure où nous sommes... — le populaire n'avait point encore fait, avec mon nom de Périne Engoulevent, le sobriquet sinistre de *la Goule*... — J'occupais une misérable mansarde située au faîte de la plus pauvre et de la plus vieille maison de la rue du Parvis-Notre-Dame...— Je tirais les cartes et je disais la bonne aventure pour quelques sous, et je ne me doutais guère, dans ce temps-là, que je deviendrais quelques années plus tard si riche et si redoutée... — Ma réputation, cependant, commençait à s'établir d'une façon solide, et personne n'aurait osé mettre en doute la vérité parfaite des oracles rendus par Yvonne Tréal, car c'est ainsi que je me faisais appeler à cette époque.

— Pourquoi ce nom d'Yvonne Tréal ? — demanda Kerjean.

— C'était celui de la digne emme qui fut ma mère et que ma fuite du pays natal a fait jadis mourir de chagrin...

— Très bien... Continue.

— Donc, — reprit Périne, — le 20 février 1752,
— jour du mardi gras, — une foule joyeuse de masques et de carême-prenants remplissait les rues
ainsi qu'aujourd'hui, et menait grand tapage de
cris, de chansons, de crécelles et de trompettes
fêlées... — La curiosité me poussant, et à peu près
sûre qu'aucun de mes clients habituels ne vien-
drait me consulter ce jour-là, j'avais quitté ma
mansarde et je courais Paris depuis le matin, me
mêlant aux groupes, riant des lazzis et des turlupi-
nades au gros sel, et répondant d'assez gaillarde
façon, ma foi, aux quolibets pleuvant dru comme
grêle sur moi et sur mon costume de paysanne
bretonne qui faisait sensation parmi les badauds,
et que beaucoup d'entre eux prenaient pour un
déguisement.

— Le diable m'emporte ! — murmura Kerjean.
— La naïve et curieuse Yvonne Tréal de ce temps-
là, prenant plaisir au bruit et aux folies du carnaval, ne ressemblait guère à la Périne d'aujour-
d'hui.

— Pardieu ! mon cher baron, — répliqua la maîtresse du Logis-Rouge, — vingt ans de moins expli-
quent bien des choses...

Puis elle continua :

— Il etait environ huit heures du soir... — Très fatiguée d'avoir marché pendant tout le jour, je revenais à travers le quartier populeux et bruyant de la Cité, dont chaque maison flamboyait depuis la cave jusqu'au pignon, et semblait célébrer avec une piété fervente la fête du dieu Mardi-Gras, à en juger par les bruits de verres entre-choqués et par les bonnes odeurs de rôtis et de grillades qui s'é-chappaient des portes mal closes... — J'atteignis la rue de Parvis-Notre-Dame... — Connais-tu cette rue, mon cher baron?...

— Imparfaitement.

— C'est l'une des plus maussades du vieux Paris... — Sauf la maison dont j'occupais une mansarde, tous les autres logis étaient habités, et sans doute le sont encore aujourd'hui par les prêtres desservants de Notre-Dame... — Ceci t'expliquera pourquoi cette rue, au moment où j'y pénétrai, me sembla sombre et silencieuse comme un tombeau... — Au milieu du bacchanal carnavalesque qui l'en-vironnait, elle conservait tout simplement, ce soir-là, sa physionomie habituelle. — Je la parcourus dans les deux tiers de sa longueur, et j'allais fran-chir le seuil de ma maison lorsque deux hommes, entièrement vêtus de noir et masqués, sortirent brusquement de l'allée où je me disposais à entrer.

— L'un d'eux tenait à la main une lanterne sourde.

— Il s'approcha de moi et dirigea sur ma figure les rayons de cette lanterne.

» Je reculai en poussant un cri d'effroi, et je voulus fuir.

» — N'ayez pas peur, mademoiselle, — me dit l'homme masqué en me retenant par le bras, — aucun péril ne vous menace... — Apprenez-nous seulement, je vous prie si, comme ce costume breton nous le fait supposer, vous êtes bien la personne que nous cherchons...

» — Qui cherchez-vous ? — demandai-je.

» — Une jeune femme nommée Yvonne Tréal pour qui, dit-on, le livre de l'avenir n'a point de page qui soit indéchiffrable...

» — Je suis Yvonne Tréal en effet.

» — Dans ce cas, mademoiselle, veuillez nous suivre...

» — En quel lieu ?

» — J'ai l'ordre de ne point vous le révéler.

» — Qui vous a donné cet ordre ?

» — Quelqu'un qui veut rester inconnu.

» — Et si je refuse de vous accompagner?...

» — Nous serons, à notre grand regret, forcés

de vous y contraindre... Mais à quoi bon employer la violence quand la persuasion doit suffire?... Je vous répète que vous ne courez aucun danger...

— C'est auprès d'une femme que nous allons vous conduire... — Vous mettrez au service de cette femme votre science infaillible, et vous recevrez ensuite une large récompense...

» Après une seconde de réflexion, je répondis :

» —Me voici prête... guidez-moi...

» L'homme masqué passa son bras sous le mien et me conduisit rapidement jusqu'à la place Notre-Dame.

» Son compagnon nous suivait avec la lanterne sourde.

» A quinze ou vingt pas du grand portail de la cathédrale stationnait un carrosse attelé de deux chevaux. — L'homme à la lanterne ouvrit la portière et abaissa le marchepied. —Mon guide m'aida à monter et s'assit en face de moi. — La portière fut refermée, et les chevaux partirent à une allure rapide.

» Le carrosse roulait depuis quelques minutes sur les pavés inégaux de la Cité, lorsque l'homme masqué se pencha vers moi.

» — Mademoiselle, — me dit-il en me présen-

tant un mouchoir de soie, — veuillez attacher ce
bandeau sur vos yeux...

» Puisqu'on tenait à me faire un secret de l'endroit dans lequel j'allais être conduite, la précaution était naturelle et ne pouvait m'inquiéter.

» J'obéis donc sans seulement formuler une ob-
jection, et je me bandai les yeux consciencieusement.

» Au bout d'une heure le carrosse s'arrêta. —
J'entendis ouvrir la portière et déployer le marchepied.

» — Nous sommes arrivés, mademoiselle... —
reprit mon compagnon. — Appuyez-vous sur mon
bras pour descendre...

» Après avoir gravi un escalier de plusieurs
marches et traversé deux ou trois grandes pièces,
nous pénétrâmes dans une chambre où le bruit des
pas s'assourdissait sur un tapis épais comme un
gazon au mois de juin.

» A travers la soie qui couvrait mes yeux, je de-
vinai les lueurs d'un grand feu et les clartés de
plusieurs bougies. — En même temps une main
détacha mon bandeau qui tomba.

» J'étais dans une chambre à coucher meublée
avec un luxe dont rien de ce que j'avais vu depuis

mon enfance n'aurait pu me donner une idée, même imparfaite.

» Des tapisseries d'une richesse merveilleuse couvraient les murailles. — Un lit immense, à colonnes torses et à baldaquin, occupait un des côtés de cette pièce. — Sur ce lit était couchée une femme pâle et languissante, appuyant d'une main contre son cœur un petit enfant venu au monde depuis quelques heures à peine.

» Un homme de trente-six à trente-huit ans, d'une belle figure et d'une haute mine, assis sur une chaise basse à côté du lit, tenait dans ses mains l'autre main blanche et frêle de la jeune femme, et l'embrassait avec des sourires aux lèvres et des larmes aux yeux.

» Je compris, en regardant cet homme, que j'étais en face d'un très grand seigneur. — Je n'avais eu de rapports, jusqu'à ce moment, qu'avec des gens du peuple, ou tout au plus de la petite bourgeoisie. — Je ressentis quelque embarras, je l'avoue, mais cet embarras fut de courte durée. — On m'avait fait venir, donc on avait besoin de moi, donc je dominais la situation. — Cette pensée me rendit bien vite toute mon assurance et toute ma présence d'esprit.

» Le gentilhomme quitta sa chaise basse et vint à moi.

» — Mademoiselle, — me dit-il après m'avoir saluée avec une courtoisie aussi parfaite que s'il avait adressé son salut à une femme de sa caste, — on m'a parlé de la profondeur de votre savoir astrologique, on m'en a parlé avec des éloges très grands et que je dois croire mérités. — Je ne m'attendais pas cependant à vous voir aussi jeune. — D'ordinaire les adeptes des sciences occultes ont des fronts ridés et des cheveux blanchis par l'âge. — Etes-vous bien Yvonne Tréal?

» — Je suis celle que vous attendez, — répondis-je avec une sorte de hauteur, car j'espérais ainsi m'élever au niveau de celui dont je comprenais toute la supériorité. — Je suis Yvonne Tréal, et je vous apporte la preuve que la science peut résider sous un front sans rides, couronné de cheveux d'ébène... — Que voulez-vous de moi?...

» Le gentilhomme s'approcha du lit, — il prit dans ses bras l'enfant nouveau-né et me le présenta.

» — Regardez, — me dit-il, — regardez la chère créature qui vient de venir au monde, — elle est si chétive et si frêle, elle se rattache à la vie par des racines si peu fortes, que les médecins nous épouvantent et nous désespèrent en nous laissant dans l'incertitude sur le sort de cette petite fille déjà tendrement aimée... — Va-t-elle vivre ou va-t-elle mourir?... — Ils ne le savent pas, ou du moins ils refusent de nous répondre et de nous rassurer... — Or, nous voulons savoir!... — Ces mortelles angoisses, en se prolongeant, tueraient la mère et ne sauveraient pas l'enfant... — Mieux vaut un coup cruel qu'une lente agonie... — Je vous le répète, il me faut une certitude si terrible qu'elle puisse être... — Votre science vous donne-t-elle le pouvoir et les moyens de nous révéler les destinées de cette enfant... — de nous dire : *Rassurez-vous... elle vivra...* — ou bien : — *Laissez couler vos larmes et creusez une tombe...*

» Je répondis avec assurance :

» — La science me donne ce pouvoir...

» — Vous en avez la ferme confiance?...

» — J'en ai la confiance et la certitude.

» — Parlez donc, alors, parlez sur-le-champ... — La force nous manque pour rester plus long-temps dans le doute... — Les condamnés à mort attendent leur grâce moins avidement que nous n'attendons votre réponse.

» — Avant de répondre, il faut que j'interroge...

» — Qui devez-vous interroger?...

» — Les astres... Ils ont présidé à la naissance de votre enfant, et ce sont eux qui, dans un langage intelligible pour moi seule, me révéleront sa destinée... — Cette nuit est favorable entre toutes pour une pareille épreuve... — Pas un nuage ne voile le ciel, et les étoiles livreront leur secret...

» — Accompagnez-moi donc alors,.. — reprit le gentilhomme. — Je vous conduirai dans un lieu élevé, d'où les espaces du firmament se montreront à vous dans leur splendeur et dans leur immensité.

» — Je vais vous suivre, — répondis-je, — mais apprenez-moi d'abord l'heure et la minute exactes de la naissance de votre enfant.

» — Le dernier coup de midi sonnait à la pendule que voici, au moment précis où la mère a poussé son cri de délivrance...

» — C'est bien. — Guidez-moi maintenant...

» — Quels objets vous sont nécessaires pour vos observations et pour vos calculs?

» — Un encrier, du papier et une plume ou un crayon... — voilà tout...

» — Vous trouverez là-haut ces objets... et d'autres encore...

» Le gentilhomme prit un flambeau... il ouvrit

une porte donnant accès dans un cabinet très étroit, puis une seconde porte, et il commença à gravir, suivi par moi, les marches d'un escalier tournant qui me sembla pratiqué dans la muraille.,. — Cet escalier nous conduisit au sommet d'une tourelle octogone, placée à l'un des angles d'un vaste bâtiment carré.

» Un châssis vitré fermait une ouverture pratiquée dans la toiture pointue de cette tourelle, et à travers ce châssis j'aperçus le ciel immense sur ma tête, et Paris tout entier sous mes pieds.

VII

L'HOROSCOPE

Après un instant de silence, Périne reprit son récit.

— Le gentilhomme, — dit-elle, — plaça le flambeau sur une table où se trouvaient déjà du papier, des plumes, des crayons, et en outre un petit télescope, un compas, une boussole et divers instruments d'astronomie. — Evidemment la chambre haute de la tourelle recevait parfois les visites d'un hôte curieux de l'étude des constellations célestes.

» — Je vous laisse seule, — me dit alors mon guide, — je craindrais de vous troubler par ma présence... — Combien de temps estimez-vous qu'il vous faudra pour votre travail ?...

» — Une heure environ.

» — Eh bien, dans une heure je reviendrai vous chercher...

» Il sortit de la chambre, et je l'entendis refer-mer au verrou la porte derrière lui.

» Je me mis à l'œuvre sur-le-champ, en opérant d'après le système de Naibob, de Maginus, d'Origène et d'Argol. — J'étudiai la voûte étoilée, — je calculai quelle avait dû être la position des corps planétaires, ce même jour, à l'heure de midi, c'est-à-dire au moment de la naissance de l'enfant, — puis, m'asseyant auprès de la table, je dressai rapidement sur une feuille de grand papier la figure du ciel, je divisai cette figure en douze maisons, j'y plaçai les planètes selon les éphémérides (1), et je fis cadrer leur situation avec la minute précise où la chétive créature dont j'allais formuler l'horoscope était entrée dans le monde. — Ceci terminé, je me

____

(1) Nous prions nos lecteurs d'excuser l'obscurité de ce lan-gage, — le travail de Périne était fait *secundum artem.* — L'explication détaillée des termes astrologiques nous entraînerait trop loin.

(Note de l'auteur).

mis en devoir de calculer *le thème de nativité* de l'enfant. — Je ne te fatiguerai point de détails inutiles,
— il te suffira de savoir qu'il se rencontra dans
l'horoscope un signe qui fixa tout particulièrement
mon attention. — La planète de *Mars*, se trouvant
dans le coin le plus élevé de la douzième maison,
menaçait la petite fille d'une mort subite et violente,
mais non immédiate. — De nouveaux calculs
vinrent en outre me révéler que l'époque dangereuse, et peut-être fatale, arriverait pendant le
cours de la vingt et unième année après la naissance de l'enfant. — Trois fois je recommençai ces
calculs en opérant chaque fois d'une façon différente, — trois fois je parvins à un résultat identique.
— Quoique tout à fait incrédule à l'endroit des
sciences occultes, j'avais opéré consciencieusement
et selon toutes les règles... — Ce triple résultat,
toujours le même, me frappa malgré moi...

» Je venais de mettre la dernière main au thème
de nativité, lorsque la porte se rouvrit et le gentilhomme parut dans la chambre haute.

» — Eh bien? — me demanda-t-il.

» — C'est fini...

» — Alors, descendons...

» J'ouvrais la bouche pour lui donner sans retard

cette solution qu'il devait attendre avec une impatience si grande.

» Il ne me laissa pas le temps de parler.

» — Rien à moi seul... — dit-il vivement ; — joies et douleurs, je dois tout partager avec la compagne de ma vie...

» Il avait repris le flambeau... — il passa le premier pour m'éclairer, et je le suivis dans l'escalier.

» Un instant après nous rentrions dans la chambre tapissée, ou la jeune mère, plus pâle encore qu'une heure auparavant, appuyait toujours son petit enfant sur sa poitrine...

» Je m'arrêtai à deux pas du lit. — La pauvre femme ne m'interrogea point, mais elle attacha sur moi un regard dont l'expression profonde et suppliante me remua le cœur... — Oh ! je te vois sourire à ce mot, baron de Kerjean... — Souviens-toi qu'il y a vingt ans de cela, et qu'à cette époque j'avais encore un reste de cœur... — Eh ! mon Dieu, qui sait... peut-être que toi-même, il y a vingt ans, tu avais encore un reste de conscience...

— C'est, ma foi, fort possible ! — répondit le baron en riant. — Je ne voudrais point jurer du contraire...

Périne reprit :

— Ce regard de la jeune mère, je ne l'oublierai jamais. Il semblait m'implorer. On eût dit que je tenais dans mes mains le salut et la perte de la frêle et vagissante créature, et que je pouvais à mon gré prononcer un arrêt de vie ou de mort, et modifier les volontés du sort...

» Le gentilhomme saisit une des mains de sa compagne et serra cette main dans les siennes.

» — Maintenant nous sommes réunis, — me dit-il ensuite, — nous aurons du courage et de la force s'il le faut... — Parlez...

» — J'ai interrogé les astres, et les astres m'ont répondu ! — m'écriai-je avec cette emphase qui m'a toujours paru le complément indispensable du rôle des astrologues, nécromanciennes, devineresses et diseuses de bonne aventure. — Leurs oracles sont infaillibles, et la voix que vous allez entendre est celle du destin et non la mienne.

» — Parlez, — répéta le gentilhomme, — au nom du ciel, parlez !...

» — C'est une heureuse nouvelle que je vous apporte, — répondis-je sans quitter mon accent solennel, — ce sont des chants d'espérance et non des lamentations qui doivent retentir dans cette maison... c'est un berceau qu'il faut préparer et

non un cercueil. — L'enfant qui vient de naître
doit vivre et grandir...

» — Vivre et grandir ! — murmurèrent à la fois
le père et la mère avec une indicible expression
d'ivresse.

» — N'en doutez pas, l'oracle est positif...

» A vingt reprises la jeune mère couvrit la petite
fille de larmes joyeuses et de caresses passionnées,
en balbutiant d'une voix à peine distincte :

— » Jane... ma chère Jane... mon doux trésor...
tu vivras... tu vivras... entends-tu, ma fille adorée ?
tu vivras pour aimer ta mère...

» Je laissai cette allégresse délirante faire explo-
sion pendant quelques minutes, et s'épuiser par sa
violence même, puis je continuai :

» — Il n'est pas de ciel si pur dans lequel ne
doive tôt ou tard gronder l'orage. — Je vous ai dit
ce qu'il faut espérer. Je vais présentement vous
dire ce qu'il faut craindre...

» La jeune mère pâlit. — Une ride se creusa sur
le front du gentilhomme.

» — Ce qu'il faut craindre ! — répéta-t-il. — Il y
a donc un danger sur notre enfant ?...

» — Oui... — ou plutôt, ce danger n'existe pas
encore, mais il viendra...

» — Quand?

» — A partir du dernier jour de la vingtième année révolue... — C'est aujourd'hui le 20 février 1752... — le 20 février 1772 l'heure du péril commencera...

» — Quel est ce péril?...

» — La mort... — une mort subite et violente...

» — D'où viendra-t-elle?...

» — Je l'ignore... — les astres ne me l'ont pas révélé...

» — Ne pouvez-vous les interroger encore?

» — Ce serait en vain... —ils ne me répondraient plus...

» —Dites-nous du moins s'il sera possible d'éviter ce danger terrible...

, » — Oui, ce sera possible, mais non sans peine et sans efforts...

» — Et, comment?... par quels moyens?...

» — Je ne le sais pas... Je sais seulement qu'une fois la vingt et unième année accomplie, une fois l'époque fatale heureusement dépassée, l'enfant, devenue jeune fille, vivra d'une vie longue et tranquille... — A ceci je ne puis rien ajouter... — Souvenez-vous seulement, et n'oubliez jamais que le 20 février 1772 sera le premier jour d'une année

menaçante... — Maintenant, tout ce que je pouvais
dire, je l'ai dit... — Ma place n'est plus dans cette
maison, laissez-moi la quitter...

» — Pas encore... — répliqua le gentilhomme.

» — Qu'avez-vous donc à me demander encore ?...

» — Une chose que, sans doute, vous pouvez
nous apprendre...

» — Quelle est cette chose ?...

» — Le jour où sonnera l'heure du danger, serai-
je en ce monde, vivant et debout, pour défendre et
pour protéger mon enfant ?...

» — Et moi, — s'écria la jeune femme, — moi,
sa mère, y serai-je aussi ?...

» — Prenez garde !... — murmurai-je. — La
question que vous m'adressez est brûlante !... —
Qui sait si ma réponse ne sera pas pour l'un de
vous, pour tous deux peut-être, un arrêt sans
appel ?...

» Le gentilhomme et la jeune femme échangèrent un regard.

» — Peu importe !... — s'écrièrent-ils en même
temps. — Nous voulons connaître la vérité quelle
qu'elle soit...

» Je ne pouvais plus hésiter.

» — Que votre volonté soit faite... — murmurai-je.

» Puis je m'approchai du lit et je dis à la jeune mère :

» — Donnez-moi votre main...

» La jeune femme obéit avec un tremblement involontaire et me tendit ses doigts fins et effilés, d'une forme pure et gracieuse. — L'un de ces doigts portait deux bagues. — La première était une *alliance* et n'offrait rien de remarquable ; — la seconde attira mon attention par son étrangeté. — C'était un de ces anneaux d'argent et d'émail rouge, qui viennent d'Asie et qui passent pour des talismans. — Un grain de corail rose, en forme de croissant, lui servait de chaton. — Il me semble que je vois encore cet anneau et la main charmante à laquelle il appartenait. — J'examinai pendant quelques secondes les lignes de cette main. — Elles offraient l'aspect le plus rassurant, et aucun sillon de mauvais augure ne venait couper fatalement la grande ligne, la ligne de vie.

» — Ou la chiromancie n'est qu'une science vaine, — m'écriai-je alors, — ou dans vingt ans, madame, vous serez vivante et forte pour protéger votre enfant...

» Un éclair de joie brilla dans les regards du gentilhomme tandis que je prononçais ces mots. — Puis il vint à moi et me dit, en me présentant sa main :

» — A mon tour, maintenant !...

» Mes yeux se fixèrent avec admiration sur cette main forte et patricienne qui devait si bien tenir une épée. — Je vis briller au doigt annulaire une bague de fer, pareille à l'anneau d'or des chevaliers romains, et les armoiries gravées en creux sur le chaton me frappèrent par leur magnifique simplicité.

» — Voyons, — me demanda le gentilhomme en souriant, — que lisez-vous dans ces caractères mystérieux?... — Qu'avez-vous à m'annoncer?...

» — A vous aussi, rien qui ne soit heureux... — à vous aussi longue vie et large avenir...

» — Mademoiselle, — reprit mon interlocuteur inconnu, — vous êtes venue dans cette maison comme un prophète de bonheur...

» — J'y suis venue comme un prophète de vérité... — je ne suis ici que la bouche qui parle... — De même que je vous ai dit le bien, je vous aurais dit le mal... Je me retire... — N'oubliez rien, et prenez garde à l'année 1772...

» — Oh! — répliqua le gentilhomme, — puisque nous serons là tous deux, notre enfant n'aura rien à craindre... — Nous saurons la garder et la défendre, je vous le jure !...

» Après avoir ainsi parlé avec un air de suprême confiance, mon interlocuteur m'engagea à le suivre et me conduisit dans un salon voisin de la chambre tapissée. — Dans ce salon se trouvaient les deux hommes masqués et vêtus de noir qui m'avaient amenée. — Je reçus une bourse contenant cinquante louis. — Un bandeau fut attaché sur mes yeux... — Je repris ma place dans le carrosse mystérieux. — Au bout d'une demi-heure, je mettais pied à terre sur la place Notre-Dame, en face du porche de l'église, et je voyais l'équipage disparaître dans les ténèbres.

» J'ai toujours été curieuse, tu le sais, et ma curiosité m'a souvent rapporté beaucoup... — Je n'avais garde d'oublier les armoiries gravées sur le chaton de la bague de fer. — Ces armoiries se blasonnaient ainsi : *d'or, aux trois merlettes de sable*, et se timbraient de la *couronne ducale*...

— Les armes des Simeuses !... — s'écria Kerjean.

— Oui, les armes des Simeuses... — j'appris cela dès le lendemain... — Je voulus alors connaître le dernier mot de l'aventure dans laquelle j'avais été appelée à jouer un rôle. — Je m'informai discrètement, et avant la fin de la semaine. je pouvais tracer une page nouvelle sur le livre que voici et où, depuis vingt ans, j'ai consigné tous les événements de quelque importance auxquels je me suis trouvée mêlée d'une façon quelconque...

— Livre précieux! — murmura le baron.

— Oui, bien précieux! — répéta Périne. — Livre inestimable qui contient les véritables éléments de ma fortune! ! — Livre vraiment magique, car plus d'une fois les secrets qu'il recèle se sont changés pour moi en pluie d'or!...

— Bref, — demanda M. de Kerjean, —cette page écrite il y a vingt ans, puis-je la connaître?...

— La voici.

Et la maîtresse du Logis-Rouge, se penchant sur le lourd in-folio, lut ce qui suit :

« *28 février 1752. — La maison dans laquelle j'ai été conduite le 20 de ce présent mois, est située rue de l'Estrapade, et elle appartient à un ancien et dévoué serviteur des Simeuse. — Le duc actuel, Jacques de Simeuse, l'unique héritier du nom, du titre, et de l'immense fortune d'une illustre famille, a épousé secrè-*

tement, il y a un mois, mademoiselle Blanche de Chastenay, orpheline et pauvre. — Une haine hérédi- taire, implacable comme celle des Capulets et des Montaigus de Florence, divisant depuis un siècle et demi les maisons de Simeuse et de Chastenay, le duc a dû contracter une union secrète avec mademoiselle Blanche qu'il aimait, pour ne point attirer sur sa tête le courroux et peut-être la malédiction de la duchesse douairière, sa mère, âgée de près de quatre-vingts ans. — Il a donc fait meubler somptueusement le vieux logis de la rue de l'Estrapade pour y installer sa jeune femme qui y vit très retirée et qui vient de le rendre père d'une petite fille nommée Jane, dont j'ai dressé le thème de nativité dans la nuit du 20 au 21 février du présent mois. »

Périne interrompit sa lecture.

— Suivent les principaux détails de ce thème de nativité... — dit-elle, — tu les connais, il est donc inutile de te les répéter... — Six mois s'écoulèrent, et à la date du 25 août 1752, j'ajoutai au bas de la page les lignes suivantes :

« La duchesse douairière est morte au commencement de ce mois. — Le duc Jacques vient de déclarer son mariage et d'amener sa femme et son enfant dans le

*vaste et magnifique hôtel de Simeuse, situé à l'angle de
la rue Clovis et de celle des Fossés-Saint-Victor, sur
la montagne Sainte Geneviève.* »

Périne referma le livre rouge, — elle le fit disparaître dans l'armoire de fer dont Kerjean
entendit grincer la triple serrure. — Le trousseau
de clefs reprit sa place à la ceinture de sa robe;
— elle revint s'asseoir, et elle continua :

— Les secrets entassés dans mes archives n'ont
de valeur pour moi, tu le comprends, que lorsqu'il
y a derrière eux un crime inconnu, une honte
cachée, une trahison ignorée de tous... — Rien de
tout cela ne se trouvait au fond de mes notes sur
la maison de Simeuse... — Donc ces notes m'étaient
inutiles, et je les avais oubliées depuis longtemps
d'une façon à peu près complète lorsque tout à
l'heure tu es venu les rappeler à ma mémoire en
prononçant le nom de Jane de Simeuse à propos
de tes rêves insensés de mariage...

— Un tel rapprochement est assez curieux en
effet, — répondit le baron, — mais je ne vois rien
dans tout cela, je l'avoue, qui puisse justifier ta
stupeur, ton agitation, ton trouble... — Fais-moi
donc le plaisir de m'expliquer ce qui me paraît
inexplicable...

— Comment ! — répliqua vivement Périne. — Il ne te semble pas étrange, prodigieux, inouï, que cet horoscope, édifié par moi jadis avec une incrédulité complète et profonde, me soit rappelé ainsi vingt ans après le moment où il a été formulé, et que le péril annoncé par moi commence pour Jane de Simeuse au jour et à l'heure où j'ai prédit qu'il commencerait ! !... — Certes, je suis difficile à émouvoir, et cependant cette coïncidence incompréhensible bouleverse ma raison, et je me demande de nouveau si les destinées des humains ne sont pas véritablement écrites dans les astres...

— Ma belle amie, — fit M. de Kerjean avec un demi-sourire, — ton esprit devient faible et s'inquiète sans motif... — L'idée d'avoir été, une fois dans ta vie, prophétesse à ton insu, t'exalte et t'agite outre mesure... — La vingt et unième année de Jane de Simeuse commence aujourd'hui, je le veux bien, mais ce péril mortel qui selon toi la menace, où est-il ?

— Tu demandes où est ce péril, et c'est toi-même qui le fais naître ! !

— Moi ! ? — répéta Kerjean avec un étonnement sincère. — En quoi suis-je à redouter pour la jeune fille dont hier j'ai sauvé la vie ?...

— Oublies-tu donc ces projets de mariage dont tu m'entretenais il n'y a qu'un instant?...

— Non, certes... — Mais quel rapport?...

— Quel rapport? — interrompit violemment Périne. — Est-il bien possible que tu m'adresses cette question ! ! — Le plus épouvantable des dangers qui puissent briser la vie de Jane de Simeuse n'est-il pas le danger de devenir ta femme?...

M. de Kerjean n'eut pas le temps de répondre.

Le marteau de fer de la porte du Logis-Rouge retomba sur la plaque d'acier, et l'on entendit dans la spirale de l'escalier un grondement sourd, pareil à l'écho lointain du tonnerre. — En même temps le grand nègre bizarrement vêtu, qui se nommait *Jupiter*, parut sur le seuil.

— Est-ce que tu vas recevoir? — demanda le baron.

— Pourquoi non? — répliqua Périne. — Celui qui frappe si tard à ma porte ne le fait pas, j'imagine, sans un motif grave... — Je ne sais quel instinct me dit que je ne suis point au bout des événements de cette soirée...

VIII

MAGIE

— Va, Jupiter, — continua Périne en s'adressant au nègre habillé de rouge qui, debout et muet, attendait un ordre, — et amène dans l'antichambre la personne qui veut me voir.

Le nègre sortit.

Périne assujettit sur son visage le masque de cire qui la métamorphosait en centenaire, et demanda à Kerjean :

— Est-ce qu'il te déplaît, mon cher baron, de voir notre entretien interrompu pour un instant?...

— Que m'importe? — répliqua le gentilhomme.

— Il me semble que je dois considérer cet entretien

comme achevé, puisque tu me refuses avec une fermeté inébranlable le secours que j'attendais de toi, et qui pouvait amener la réalisation de mes rêves les plus ambitieux.

— Je te répète ce que je t'ai déjà dit : — Prouve-moi que le succès est possible... prouve-moi que tu as une seule chance sur mille, et ensuite dispose de moi...

— La seule preuve du succès, c'est le succès lui-même... — La confiance te manque, — je n'y puis rien... — Adieu...

— Tu pars?...

— Qu'ai-je à faire ici maintenant?...

— Reste encore...

— Que me veux-tu donc?

— Je veux te parler de choses plus sérieuses et plus réalisables que tes projets d'alliance avec des familles ducales et millionnaires...

— Soit!... — Je vais attendre ton bon plaisir, mais où?...

— Ici...

Et Périne, appuyant son doigt sur un nœud apparent de la boiserie, fit jouer une porte invisible donnant accès dans une sorte de cabinet étroit et sombre.

Au moment où Kerjean disparaissait dans ce cabinet, le nègre Jupiter rentra.

— Qui est là? — lui demanda Périne.

— Maîtresse, une femme...

— Une femme du peuple?

Jupiter secoua la tête négativement.

— Une femme de qualité, alors? — continua la femme du Logis-Rouge.

— Beaux habits... riches habits... — murmura le nègre, — grande dame, bien sûr...

— Jeune ou vieille? — belle ou laide?

Jupiter fit un geste qui signifiait :

— Je ne sais pas...

— Comment, — demanda Périne en fronçant le sourcil, — comment ne sais tu pas?...

— Visage caché... — balbutia le nègre, — masque de velours... grands yeux qui brillent...

— C'est bien... — Fais entrer cette dame.

Jupiter ouvrit aussitôt la porte noire de l'antichambre. — Une femme, d'une taille moyenne mais d'une tournure imposante, parut sur le seuil, et demeura pendant quelques secondes immobile, frappée d'étonnement par l'aspect étrange et presque fantastique du Logis-Rouge.

Cette femme dont un masque à barbe de satin,

entièrement pareil aux *loups* de nos modernes do-
minos, cachait en effet la figure, était vêtue avec
une simplicité pleine de richesse qui trahissait à
première vue la femme de haut rang. — Les plus
magnifiques fourrures de martre-zibeline garnis-
saient sa robe et son immense pelisse de velours à
capuchon.

Périne, debout à côté de son fauteuil et s'appuyant d'une main sur la table carrée, ne fit pas un
mouvement et attendit que la visiteuse vînt à elle.

Sans doute la femme inconnue avait compté
sur une réception plus empressée; — ce ne fut
point sans contrainte et sans embarras qu'elle murmura :

— Me suis-je trompée, madame, en croyant
frapper tout à l'heure à la porte d'une maison qu'on
appelle *le Logis-Rouge*, et n'êtes-vous pas la devineresse renommée dont parle tout Paris?...

— Je suis celle que tout Paris nomme LA GOULE...,
— répondit brusquement Périne. — Que venez-
vous chercher ici?

— Je viens consulter votre science...

— Que voulez-vous savoir?... le passé ou l'a-
venir?...

— L'avenir.

— Le vôtre?

— Non... — celui d'une personne qui me touche
de près, et dont la destinée m'intéresse mille fois
plus que la mienne...

— M'apportez-vous un objet qui ait appartenu
à cette personne?...

— Oui.

— Lequel?

— Une mèche de ses cheveux...

— Donnez...

La femme inconnue ôta le gant de sa main
droite, — elle glissa deux doigts dans le corsage
de sa robe, d'où elle retira un sachet parfumé ren-
fermant une mèche de cheveux fins comme de la
soie et d'une admirable nuance brune.

Elle présenta ces cheveux à Périne qui étendit
la main pour les recevoir, et ne put réprimer qu'à
demi un cri de surprise au moment où les doigts
de la visiteuse touchaient les siens.

A l'un de ces doigts elle venait d'apercevoir une
bague d'Asie, en argent et en émail rouge, dont
un fragment de corail rose taillé en forme de croissant formait le chaton.

Il lui était impossible de s'y méprendre ! — vingt
ans auparavant, cette même bague avait frappé ses

yeux dans la chambre tapissée de la rue de l'Estrapade.

Un soudain éclair illumina l'esprit de la devineresse et lui dévoila en une seconde la vérité tout entière.

— Je n'en saurais douter, — se dit-elle, — cette femme est la duchesse de Simeuse !... Depuis quelques heures la vingt et unième année, l'année dangereuse prédite par Yvonne Tréal, est commencée...

— La duchesse tremble pour sa fille... — Elle ignore qu'*Yvonne Tréal* et *la Goule* ne sont qu'une seule et même femme... — Elle vient consulter la devineresse en vogue afin d'apprendre d'elle si véritablement le péril existe et quels sont les moyens de le conjurer... — Me voilà prévenue ; — je vais agir en conséquence.

Ce court monologue fut achevé en bien moins de temps que nous n'en avons mis à l'écrire.

Périne fit un geste pour engager sa visiteuse à prendre place sur la chaise et ne prononça que ce seul mot :

— Attendez...

Elle se dirigea ensuite vers le laboratoire aux cloisons vitrées. — Elle en rapporta un très petit réchaud d'argent rempli de charbons d'une nature particulière qui prirent feu comme de la poudre au contact d'une étincelle et se consumèrent en exhalant dans l'atmosphère une vapeur parfumée. — Sur ces charbons ardents elle jeta quelques cheveux détachés de la boucle brune... elle les regarda se tordre et s'enflammer et, tout en prononçant à haute voix des formules magiques, elle parut suivre du regard avec une profonde attention les flocons de fumée blanche qui tourbillonnaient au-dessus du réchaud d'argent :

Quand le dernier de ces flocons eut disparu, — quand il ne resta plus sur les charbons à demi éteints qu'une cendre grise, Périne se tourna vers la duchesse, — car véritablement c'était la duchesse de Simeuse, — et elle lui dit de cette voix sourde dont les augures se servent volontiers pour rendre leurs oracles :

— Ce n'est point une science vaine, madame, que celle dont je suis l'adepte... — Vous allez en juger à l'instant même... Écoutez-moi donc, et si je me trompe arrêtez-moi hardiment... — Les cheveux que voici sont ceux d'une femme...

— C'est vrai... — répondit la duchesse.

— Cette femme est une jeune fille... — reprit Périne.

— Oui... — murmura madame de Simeuse. — Vous ne vous trompez pas.

— Cette jeune fille est votre enfant... — continua la maîtresse du Logis-Rouge.

La duchesse fit un signe affirmatif.

— Enfin, — acheva Périne avec un redoublement d'assurance, — votre fille, presque au moment où je vous parle, a commencé sa vingt et unième année et l'heure d'une crise redoutable approche pour elle.

Ces dernières paroles si merveilleusement conformes à la prédiction du 20 février 1752, dont chaque mot était présent à la mémoire de madame de Simeuse, plongèrent cette dernière dans un profond étonnement mêlé d'une sorte d'effroi.

— Eh quoi ! — s'écria-t-elle, — vous savez?...

— Je ne sais rien, — interrompit la Goule, — mais je devine tout, et vous voyez que je devine juste... — Mais pourquoi cette stupeur, et si d'avance vous n'aviez pas la foi que veniez-vous me demander?...

— Je n'ai jamais douté de votre science, madame... — balbutia la duchesse. — L'âme humaine ne saurait se défendre d'un peu de trouble et de terreur en face des choses surnaturelles...

— Eh bien, maintenant, calmez-vous, rass-rez-
vous, et expliquez-moi clairement ce que vous
voulez apprendre de moi...

— Vous venez de me dire que l'heure d'une crise
approchait pour ma fille...

— Oui.

— Révélez-moi l'époque exacte de cette crise...
faites-moi connaître quel sera le danger...

— Je vais essayer de vous satisfaire...

—N'êtes-vous pas certaine de réussir?...

— Il arrive parfois que les esprits interrogés
s'obstinent à ne point répondre... — mais cela est
bien rare, car je sais des paroles puissantes qui
forcent à l'obéissance même les plus rebelles... —
Dites-moi la date de la naissance de votre fille...

— Le vingt février 1752

— L'heure?

— Midi.

— C'est bien, je vais me mettre à l'œuvre...

Périne débarrassa rapidement la table carrée des
jeux de *tarots* et des parchemins qui l'encombraient.

Elle prit un morceau de craie blanche, et sur la
basane rouge illustrée d'hiéroglyphes cabalistiques
elle traça un carré long qu'elle divisa en vingt et
une parties égales, puis elle subdivisa en douze

fractions le vingt et unième de ces compartiments.

— Voici, — dit-elle à haute voix quand elle eut achevé, — voici les vingt années accomplies et l'année qui commence… — voici les douze mois dont le dernier coup de midi a sonné aujourd'hui la première heure…

Périne se dirigea ensuite vers la grande volière placée près du laboratoire, — elle ouvrit cette volière d'où s'échappèrent aussitôt les gloussements et les cris étranges de toute la population emplumée surprise et réveillée dans son premier sommeil.

Malgré le motif si touchant, — nous pourrions dire si sacré, — qui légitimait sa visite au Logis-Rouge, la duchesse de Simeuse éprouvait de violentes angoisses; — un tremblement nerveux secouait ses membres; — elle avait peur; — il lui semblait que cette maison sinistre devait appartenir à Satan, et que cette centenaire au visage livide était le démon lui-même…

Cependant sa force d'âme et sa tendresse maternelle l'emportaient sur ses terreurs et lui donnaient le courage de ne se point enfuir de ces lieux maudits. — Elle voulait savoir, — elle voulait aller jusqu'au bout dans sa terrible épreuve.

Périne revint, ayant la main droite remplie de graines de millet et tenant de la main gauche par les ailes une petite poule noire d'apparence farouche, qui se débattait avec des cris de colère.

Elle répandit des graines de millet d'une façon à peu près égale sur les vingt et un compartiments tracés à la craie, puis elle lâcha la poule noire, en ayant soin de la placer au milieu de la table et par conséquent au centre de la figure cabalistique.

Le volatile, livré à lui-même, battit des ailes à trois reprises, et fit entendre des notes aiguës et multipliées pour célébrer sa délivrance ; ensuite, attiré par la semence répandue libéralement autour de lui, il se mit à picorer avec ardeur, donnant de rapides coups de bec tantôt à droite tantôt à gauche, et faisant voler les grains de millet sur tous les compartiments du carré long.

Périne, un crayon et un papier à la main, prenait des notes et murmurait des paroles inintelligibles.

Cela dura quelques minutes. — Au bout de ce temps la poule noire, rassasiée sans doute, devint tout à coup immobile et cacha sa tête sous son aile comme pour s'endormir.

— Eh ! bien?... — demanda madame de Simeuse.

— Silence! — fit Périne d'une voix impérieuse.
— L'esprit n'a pas encore parlé...

Mais presque au même instant elle ajouta :

— Le voici... le voici qui vient...

En effet, — chose étrange et qui redoubla les craintes vagues de la duchesse, — la poule relevait la tête. — Elle se mit à marcher lentement et avec une hésitation visible; — sa crête frissonna; — des tremblements convulsifs agitèrent ses ailes; — un gloussement bizarre et qui ressemblait à un râle s'échappa de son gosier.

— Mon Dieu... — demanda la grande dame, unique témoin visible de cette scène inexplicable, — mon Dieu! qu'a donc cette malheureuse bestiole?...

— L'esprit est venu... — répondit brusquement Périne, — elle meurt...

Ces paroles reçurent une confirmation immédiate.

Un dernier, un faible tressaillement agita les ailes du pauvre animal; il s'abattit, en proie à une suprême convulsion; — ses pattes se roidirent, — il était mort...

La duchesse, bouleversée par ce spectacle, poussa un cri et mit ses deux mains devant ses yeux.

Périne s'attendait à ce geste d'épouvante ; — elle en profita pour placer rapidement le corps inanimé de la poule noire dans une position utile au plan hardi qu'elle venait de concevoir.

Est-il besoin d'expliquer à nos lecteurs la scène de jonglerie sinistre mise sous leurs yeux par nous ?... — Ils ont compris déjà que la maîtresse du Logis-Rouge ne livrait rien au hasard et n'agissait qu'à coup sûr. — Les graines de millet, préparées à l'avance pour des expériences de même nature, contenaient un violent poison végétal.

— Ah ! c'est horrible !... — balbutia madame de Simeuse.

— Votre cœur est donc bien faible qu'il s'émeut pour si peu de chose ?... — répliqua Périne avec une feinte exaltation. — Le résultat que vous êtes venue chercher ici vous paraît-il acheté trop chèrement au prix de l'existence d'une vile créature qui n'avait pas même cet instinct prodigué par la nature à tant d'autres animaux ?... — L'esprit est venu... — l'esprit a parlé... — Que vous faut-il de plus ?...

— Je ne vous comprends pas,... je n'ai rien entendu... rien que ce lugubre râle d'agonie...

— Levez-vous et regardez...

La duchesse, triomphant de sa répugnance à

force de courage, obéit à la voix de la maîtresse du Logis-Rouge. — Elle se pencha vers la table et contraignit ses yeux à se fixer sur un spectacle qui lui faisait horreur.

— Regardez ! — répéta la Goule. — La poule noire est morte, — elle est morte en une seconde et comme foudroyée... — Cela signifie que le danger qui menace votre fille est une mort violente... une mort subite...

— Les mêmes paroles qu'il y a vingt ans ! — murmura madame de Simeuse défaillante.

Périne continua :

— Voyez la tête de la poule noire... — Elle repose sur la vingt et unième division du carré magique... donc c'est dans la vingt et unième année que retentira le coup de tonnerre !... — Voyez le bec entr'ouvert et livide ! — il s'appuie sur le premier des douze compartiments qui sont les douze mois de l'année... — Donc c'est dans le premier mois, dans celui qui commence aujourd'hui, que retentira le coup de tonnerre... — L'esprit appelé par moi s'est montré docile et complaisant... — Vous vouliez savoir... vous savez...

L'imminence du péril avait centuplé soudain l'énergie et la détermination de la duchesse.

Elle répondit avec fermeté :

— Ce que vous avez fait est immense ; il faut cependant que vous fassiez plus encore... — Je sais beaucoup déjà, mais ce n'est pas assez...

— Parlez donc, et de nouveau j'interrogerai l'esprit...

— Vous comprenez qu'au prix de ma vie je veux éloigner de ma fille l'immense danger qui la menace... — Pour elle je donnerais mon âme !... — Existe-t-il un moyen de sauver mon enfant?... — Quel que soit ce moyen, je suis prête...

— J'ai besoin de quelques instants de repos... — répliqua Périne. — Je suis bien vieille, et mon intelligence se trouble et s'obscurcit facilement, — tout à l'heure j'essaierai de vous satisfaire...

— J'attendrai, — murmura la duchesse en s'accoudant au rebord de la table carrée et en cachant sa tête entre ses mains.

Rejoignons pour une minute le baron de Kerjean dans l'étroit et sombre réduit dont nous avons vu la porte se refermer sur lui, au moment où madame de Simeuse entrait dans le Logis-Rouge.

Le gentilhomme s'attendait à se trouver plongé dans une obscurité profonde ; ce fut donc avec quelque surprise qu'il aperçut deux pâles rayons, deux traînées à peine lumineuses, se détachant sur les ténèbres.

Ces reflets presque pareils à ceux qui tombent d'une meurtrière étroite au fond des cachots souterrains, provenaient de deux ouvertures, larges à peine comme le trou que fait une balle, pratiquées à hauteur d'homme dans la boiserie, et permettant non seulement de voir, mais encore d'entendre ce qui se passait dans la grande salle.

M. de Kerjean appliqua ses yeux aux ouvertures complaisantes, et il assista ainsi à toute la scène que nous venons de raconter, scène qui fut pour lui d'un immense intérêt, car dès les premières paroles échangées entre la visiteuse et la Goule, il avait de son côté reconnu la duchesse.

Ceci posé, revenons à Périne.

Après s'être assurée que madame de Simeuse, tout entière à sa pensée intérieure, ne la suivait point du regard, la maîtresse du Logis-Rouge s'approcha lentement de la boiserie derrière laquelle se trouvait Kerjean.

Elle appliqua ses lèvres à l'une des ouvertures, et, d'une voix très basse mais parfaitement distincte pour l'hôte du cabinet secret, elle dit :

— Tiens-toi prêt à me seconder... — Le hasard est pour nous, et ta fortune est faite.

A peine avait-elle achevé que ces deux mots, faibles comme un souffle, arrivèrent à son oreille :

— J'ai compris...

Certaine désormais de la réussite du plus audacieux et du plus habile de tous les projets, Périne revint à la table carrée et reprit sa place dans le grand fauteuil.

— Eh quoi ! — demanda la duchesse, — Un si court repos vous a-t-il suffi ?...

— Me voici prête, — répondit la fausse centenaire, — et cette fois c'est d'une autre manière que je vais interroger l'oracle...

Elle étala sur la basane rouge un jeu de tarots de grande dimension ; — elle en disposa les cartes selon les règles, et elle commença de longues et mystérieuses opérations que madame de Siméuse regardait sans les comprendre à travers les trous de son masque, et dont le détail serait fatigant et sans intérêt pour nos lecteurs.

Nous savons d'ailleurs que Périne jouait en ce moment une comédie habile, et que sa réponse aux questions de la duchesse devait être complète-

ment indépendante de celle que les tarots allaient
lui donner.

— C'est fini, — dit-elle tout à coup après un
silence.

Madame de Simeuse se prit à trembler et n'eut
pas la force de murmurer une question.

Périne reprit :

— Ne vous abandonnez point ainsi, madame,
aux terreurs folles qui vous obsèdent... — je vous
apporte l'espérance...

Un soupir de joie s'exhala des lèvres de la duchesse dont les deux mains jointes s'élevèrent vers
le ciel, par un mouvement sublime, pour remercier
Dieu... — La noble femme, dans sa reconnaissance,
ne se souvenait plus que le lieu où elle se trouvait
était un lieu maudit...

— Le péril est grand... il est terrible... —
poursuivit la Goule, — cependant je crois possible encore de l'éloigner de la tête de votre enfant...

— Oh! — s'écria la pauvre mère, — dites-moi,
dites-moi, madame, ce que je dois faire pour
cela!...

— Vous ne pouvez rien...

— Hélas!... — balbutia la duchesse. — Ce que je

ne peux pas, moi, sa mère, mon Dieu, qui donc le pourra?...

— Un homme.

—Cet homme, quel est-il?... Son nom!... apprenez-moi son nom!!...

— J'ignore ce nom.

Madame de Simeuse fit un signe de surprise et de découragement.

—Au moins, — reprit-elle, — dépeignez-moi celui qui doit sauver ma fille...

— Comment vous le dépeindre?... — Je ne le connais pas.

— Mais alors, — s'écria la duchesse avec un élan de douleur, — l'espoir que vous me donniez tout à l'heure n'était que mensonge et raillerie cruelle... — car enfin cet homme, s'il existe et si je le rencontre, je ne pourrai le reconnaître...

— Cet homme existe, madame... — Il ne m'est possible ni de vous dire son nom, ni de vous tracer son portrait..., mais il m'est possible de vous le montrer lui-même...

—Me le montrer!! — répéta madame de Simeuse en se demandant si elle était le jouet d'un rêve,

— Oui, madame, — répondit Périne, — et je le ferai si vous m'en donnez l'ordre...

— Et quand le ferez-vous?

— A l'instant même.

— Où?

— Dans cette maison... — dans la chambre où nous sommes...

— Je ne vous crois pas... je ne peux pas vous croire... — Cet homme n'est point ici... il ne saurait être ici...

— Aussi, n'est-ce point lui que je vous montrerai, mais son fantôme, sa ressemblance... une vapeur fugitive qui prendra sa forme et ses traits...

Madame de Simeuse frissonna.

— S'agit-il donc d'une évocation? — demanda-t-elle.

— Oui, madame.

— L'œuvre du démon!! — fit la duchesse avec horreur.

Périne ne répondit pas.

Quelques secondes s'écoulèrent; puis la duchesse s'écria avec l'accent d'une résolution désespérée:

— Ai-je le droit d'hésiter?... — Non!... non!... — C'est pour ma fille... — S'il faut me perdre pour sauver Jane, que Jane soit sauvée et que je sois perdue!... — Évoquez un fantôme!... — Évoquez le démon! — je suis mère... je n'ai plus peur...

Et madame de Simeuse, brisée par des émotions écrasantes, se laissa retomber sur la chaise qu'elle venait de quitter.

La maîtresse du Logis-Rouge alla prendre aussitôt dans le laboratoire un grand réchaud de fer rempli de charbon, une boîte de cuivre et une baguette d'ébène.

Elle alluma le charbon, et elle plaça le réchaud entre la table carrée et la porte du cabinet secret.

Avec la baguette d'ébène elle traça un large cercle sur le parquet, entre la table carrée et le réchaud, auquel elle mit le feu.

— Placez-vous au milieu de ce cercle, madame, — dit-elle à la duchesse, — et souvenez-vous qu'une fois l'évocation commencée vous ne devez point en sortir sous peine de mort... — Souvenez-vous aussi qu'il n'est pas permis d'adresser la parole aux apparitions sans appeler sur sa tête le même danger, inévitable et foudroyant...

— Je n'oublierai rien... — murmura madame de Simeuse en se conformant aux prescriptions de la Goule et en prenant place au centre du cercle magique.

Une flamme bleuâtre voltigeait au-dessus des

charbons embrasés, d'où s'échappaient des fourmillements d'étincelles.

Périne souleva le couvercle de la boîte de cuivre, — elle prit dans cette boîte une poignée de poudre blanche qu'elle jeta sur le brasier. — Aussitôt s'élevèrent des tourbillons d'une fumée épaisse dont l'odeur était suave comme les parfums de l'encens.

La maîtresse du Logis-Rouge disparut dans ces vapeurs opaques, impénétrables au regard, et madame de Simeuse entendit sa voix qui disait :

— Je vais prononcer la formule d'évocation... — Quand le nuage qui nous enveloppe sera dissipé vous aurez devant vous l'image de l'homme qui doit sauver votre fille... — Regardez bien cet homme, et regardez-le vite, car l'apparition ne durera qu'une seconde...

En même temps Périne appuyait le doigt sur le ressort de la porte secrète ; puis, s'approchant de la table carrée, elle se tenait prête à faire jouer au réflecteur un rôle capital dans la jonglerie commencée...

Peu à peu la fumée pâlit... le nuage devint transparent.

Bientôt madame de Simeuse entrevit, comme à

travers une gaze, la forme élégante et hardiment campée d'un homme debout et immobile.

A cette minute précise la Goule dirigea toute la lumière de la lampe sur la figure pâle et hautaine de cet homme, lui faisant ainsi une auréole étrange et d'un aspect vraiment fantastique.

— Le baron de Kerjean! — murmura la duchesse d'une voix sourde. — Oh! c'est lui! c'est bien lui!...

Déjà Périne venait de jeter sur les charbons ardents une seconde poignée de poudre blanche, et des vapeurs épaisses enveloppaient de nouveau dans leur voile insondable la vision et les spectateurs.

Lorsque ce voile s'évanouit le gentilhomme avait disparu, la porte secrète était refermée.

— En savez-vous assez, madame?... — demanda Périne à la duchesse, devenue livide sous son masque.

Pour toute réponse madame de Simeuse mit une lourde bourse pleine d'or dans la main de la Goule.

— Vous êtes généreuse, — reprit cette dernière, — et si l'on vous rend de grands services, du moins vous les payez largement... N'avez-vous plus de questions à m'adresser?

La duchesse secoua la tête négativement.

Périne approcha de ses lèvres un petit sifflet d'argent dont elle tira un son aigu. — Jupiter parut aussitôt.

— Suivez cet homme, madame, — continua la Goule, — il va vous conduire.

Madame de Simeuse, guidée par le nègre, quitta la grande salle du Logis-Rouge. — Elle chancelait et se soutenait à peine.

Aussitôt que la porte noire se fut refermée derrière elle, Périne jeta bas son masque de cire et toucha le ressort du réduit secret.

— Tu as tout entendu ? tout compris ?... — demanda-t-elle à Kerjean.

— Tout entendu... tout compris... — répliqua le gentilhomme. — Tu es une femme de génie!! Grâce à toi j'ai plus qu'une *possibilité*, plus qu'une *probabilité*, j'ai la *certitude* de réussir !... Tu n'exigeais de moi qu'une seule chance, disais-tu ; maintenant j'en ai mille.

— J'ai bien joué mon rôle, n'est-ce pas ? A ton tour, baron de Kerjean... prédis-moi l'avenir.

— D'abord, tu vas me prêter les mille louis dont j'ai besoin.

— Dans cinq minutes je les remettrai entre tes mains.

— Dans trois jours je serai le fiancé de Jane de Simeuse.

— Je le crois comme toi.

— Dans trois mois je serai son mari... Le jour du mariage un million me sera compté, et deux cent mille livres tomberont dans ta caisse.

— J'en accepte l'augure.

— Enfin, avant un an je serai l'homme le plus riche et le plus puissant de Paris... je serai *le roi de la nuit !*...

— Décidément tu as une étoile au ciel ! ! — Mon cher baron, je t'offre à souper.

— Et j'accepte, ma belle amie... .

IX

CARMEN ET MORALÈS

Périne et Kerjean venaient de s'attabler en face l'un de l'autre, dans une petite pièce bien éclairée, bien chauffée, tendue en lampas cramoisi et voisine de la grande salle.

Déjà le vin de Chypre, — ce vin de Madère du dix-huitième siècle, — remplissait leurs verres, et le gentilhomme se mettait en devoir d'enfoncer un long couteau dans les flancs d'un pâté de gibier construit en forme de tour crénelée, lorsque, pour la troisième fois depuis le commencement de la soirée, le marteau du Logis-Rouge retentit.

— Ah ! de par tous les diables, — s'écria Luc

en reposant sur la table le couteau prêt à battre en
brèche la croûte dorée du succulent édifice, —
voilà, sur ma parole, des gens mal avisés !... —
J'espère bien, ma belle amie, que tu vas laisser se
morfondre à la porte les visiteurs intempestifs, ou
tout au moins leur faire répondre que la maîtresse
de céans est empêchée et ne saurait les recevoir à
cette heure par trop nocturne.

— Mon cher baron, — répliqua Périne, — si j'a-
vais pris conseil de toi il y a une heure, je n'aurais
pas reçu la duchesse de Simeuse, ce qui eût été
malheureux pour nous, tu en conviendras... Le hasard, aujourd'hui, nous protège visiblement. — Ne
décourageons point par notre insouciance la bonne
volonté à notre égard de cet aveugle dieu !... Qui
sait si ce n'est point encore quelque heureuse fortune qui nous arrive?...

— Je n'en crois rien, et la chose n'est guère pro-
bable, — répondit Kerjean. — Mais enfin tu es la
maîtresse... agis donc à ta guise... — Seulement,
s'il s'agit d'une séance de divination, fais en sorte
qu'elle soit brève...

— Je tâcherai de ne te point faire languir... —
murmura la Goule en rentrant dans la grande salle,
après avoir adressé un signe impératif à Jupiter

qui s'empressa d'obéir à cette muette injonction.

Périne achevait à peine d'opérer sa transformation en centenaire, lorsque le nègre introduisit auprès d'elle deux personnages d'apparence étrange : — un homme qui semblait âgé d'un peu plus de quarante ans, et une jeune femme dont un demi-masque pareil à celui de la duchesse, mais sans barbe, cachait le haut du visage.

L'homme offrait un type achevé de maigreur invraisemblable. — Un nez mince et crochu comme un bec de vautour, et des yeux gris au regard sournois et cupide, occupaient les deux tiers d'une figure brunie par le soleil des pays chauds et taillée sur le modèle de ces joujoux grotesques qu'on fabrique à Nuremberg.

Ce personnage était vêtu d'habits en piteux état, qui cependant gardaient quelques traces d'une ancienne splendeur. — L'étoffe en avait été belle, — les broderies en avaient été fines. — Toute cette friperie exhalait encore un vague parfum de musc et d'ambre, les odeurs à la mode.

Une vieille épée à garde d'acier rouillé se suspendait à un ceinturon étroit, qui cependant se trouvait trop large, tant notre homme était mince où plutôt efflanqué. — Outre l'épée, ce ceinturon supportait une de ces petites mandolines à côtes de melon, dont on voit d'exactes copies dans une foule de tableaux du dix-huitième siècle.

Le costume de la jeune femme n'était ni moins flétri ni moins dévasté que celui dont nous venons de tracer le croquis. — Il consistait en un corsage de velours vert miroité, garni de galons de cuivre jadis dorés, maintenant noircis. — Une jupe de soie rose fanée, éraillée, et que constellaient des paillettes ternies, retombait sur des bas rouges raccommodés en maint endroit. — Les souliers seuls, en cuir mordoré avec une petite boucle d'acier sur le cou-de-pied, étaient, sinon très neufs, au moins passablement conservés.

Mais on devait oublier bien vite les misères de ce triste costume de bohémienne et de saltimbanque en contemplant la merveilleuse créature qui le portait. — Le vieux corsage dessinait une taille miraculeusement souple et cambrée ; — les bas rouges reprisés modelaient des jambes incomparables ; — les pieds et les mains commandaient l'admiration par leur petitesse toute patricienne et par la finesse de leurs attaches. — Les quadruples nattes d'une chevelure noire et brillante couronnaient un front dont la partie supérieure avait la blancheur mate et dorée

des fronts de créole. — Le masque cachait le reste ;
mais à travers sa double ouverture on voyait rayon-
ner des prunelles de diamant et de velours, — et les
lèvres, entr'ouvertes sur des dents éclatantes, pouvaient lutter de fraîcheur pourprée avec la fleur du
grenadier.

Nous devons ajouter que chacun des mouvements
de la séduisante bohémienne révélait une grâce nouvelle et semblait ajouter un charme de plus à la perfection de l'ensemble.

Les deux nouveaux venus s'arrêtèrent près de la
porte qui venait de se refermer derrière eux, et
pendant quelques secondes échangèrent à voix
basse des paroles rapides.

— Une fois dans ta vie, ma sœur Carmen, — disait
l'homme maigre, — écoute un bon conseil, et suis-
le... Il en est temps encore... tournons sur nos
talons et partons au plus vite...

— Crois-tu, mon pauvre Moralès, — répliquait
la jeune femme, — que je sois venue jusqu'ici pour
reculer ?...

— Songe que nous allons laisser dans cette mau-
dite maison notre dernier écu...

— Que t'importe ?...

— Comment, caramba ! que m'importe ?... J'ai

grand appétit, ma sœur, et rien ne me paraît plus lugubre que de me coucher sans souper, un soir du mardi gras...

Carmen haussa les épaules. — Elle allait répondre sans doute, mais Périne interrompit le dialogue commencé entre le frère et la sœur.

— Que me voulez-vous? — demanda-t-elle de cette voix chevrotante (véritable voix de vieille femme) qu'elle prenait en même temps que son masque de centenaire et qu'elle quittait avec lui.

Carmen s'avança résolument dans le demi-cercle lumineux que projetait en avant la lampe toujours munie de son réflecteur.

Moralès la suivit; — mais, avec sa prudence habituelle, il eut soin de rester dans l'ombre.

— Que me voulez-vous? — répéta Périne.

— Ce que je vous veux? — répondit la jeune femme. — Il me semble que cela est facile à deviner... — Vous vous nommez la Goule, n'est-ce pas? — Vous faites métier de révéler les secrets de l'avenir aux gens qui vous consultent? en un mot, vous êtes une tireuse de cartes, une diseuse de bonne aventure? — Eh bien, je viens à vous pour connaître ma destinée...

— Vous êtes pauvre..; — murmura la maîtresse du Logis-Rouge.

— Ce n'est pas un secret, cela!... — le costume que je porte crie assez haut ma pauvreté...

— Je ne mets ma science qu'au service de ceux qui la payent... — Pouvez-vous la payer?

— Oui, certes, — répliqua la bohémienne en tirant de sa poche un écu (hélas! l'unique dont venait de parler son frère!) et en le plaçant sur la table.

Moralès ne put s'empêcher de pousser un profond soupir.

— Oh! mon souper — balbutia-t-il, — voilà que tu t'envoles!... — Adieu le demi-jambonneau que j'avais rêvé!!... adieu la bouteille au gros ventre!... adieu le boudin fumant!... adieu... adieu tout ce que j'aime!...

Cependant la Goule touchait d'un doigt dédaigneux la pièce d'argent offerte par Carmen; — en même temps elle demandait d'un ton ironique :

— Qu'est-ce que ceci?

— Ceci, madame, est un écu de six livres... vous le voyez, ce me semble... et je vous garantis qu'il est de bon aloi...

— Je ne donne mes révélations qu'à prix d'or...

— Malheureusement je ne puis vous offrir de l'or... — L'écu que voilà est tout ce que je possède...

— Eh bien, reprenez-le et allez-vous-en, — fit la Goule.

Moralès se frotta les mains et se dit à lui-même :

— Il me semble que le jambonneau revient sur l'eau, caramba !... Allons !... allons !... tout espoir n'est pas perdu !... — Cette sorcière est une brave femme !...

— Madame, — continua Carmen sans se laisser décourager par la brutale réponse de Périne, — on assure que vous êtes riche, et cela doit être, car les croyants en votre science arrivent chez vous de toute part, et chacun s'empresse de vous acheter, sans marchander jamais, le plus précieux des biens, l'espérance... — Acceptez aujourd'hui l'obole du pauvre... — faites une bonne action... .

— Ce n'est pas mon métier... — Reprenez cet argent, et partez...

— Je vous jure, — poursuivit la jeune femme, — je vous jure que moi aussi, et plus que personne, j'ai besoin d'espérance... — J'ai besoin, du moins, de savoir ce que me garde l'avenir, pour reprendre courage et attendre des jours meilleurs... ou pour m'endormir, épuisée de fatigue, de ce sommeil profond qu'on appelle la mort...

— Que m'importe votre courage ou votre fatigue ?... — Cherchez ailleurs qui vous écoute et qui vous réponde... — Ce que vous voulez savoir, ce n'est pas moi qui vous le dirai...

— Madame, encore une fois...

— En voilà assez... en voilà trop !... — s'écria Périne. — Allez !... je suis attendue ailleurs...

— Madame, je vous en supplie... je vous le demande à genoux...

— Prétendez-vous donc rester de force dans mon logis et me faire parler malgré moi ?... — interrompit la Goule. — Je vous ordonne de sortir et, si vous ne m'obéissez pas, on saura vous contraindre...

Déjà Moralès battait en retraite, *la barbe sur l'épaule,* comme on disait jadis ; ce qui signifie que, tandis que ses longues jambes se dirigeaient vers la porte, ses yeux ne perdaient pas un seul instant de vue le précieux écu sur lequel il souhaitait de toute son âme voir sa sœur remettre la main.

Mais Carmen, au lieu de reculer comme son frère, fit deux pas en avant.

Elle se plaça en pleine lumière et, arrachant son

demi-masque de velours, elle dit à Périne avec une magnifique expression d'amertume et de colère :

— Regardez-moi, madame... regardez-moi bien en face, afin de me reconnaître un jour !... Vous venez de me refuser impitoyablement cette espérance, peut-être fausse et menteuse, dont j'ai besoin pour attendre avec courage... — Eh bien, j'attendrai quand même !... — Je ne suis pas de celles que terrasse le mauvais sort et qui restent brisées et domptées au pied de l'échelle, sans se cramponner aux échelons pour atteindre le faîte... — Je suis de celles qui montent ! — je l'ai prouvé déjà ! — je le prouverai encore... — Je monterai ! — et alors, prenez garde à vous, madame, car, je vous le jure, je me vengerai !...

Tandis que Carmen parlait ainsi, Périne la regardait avec un profond étonnement, et aussi avec une admiration manifeste.

C'est que rien au monde ne se pouvait imaginer de plus splendidement beau que la jeune femme irritée et menaçante. — L'arc d'ébène de ses sourcils se courbait dans la colère sous son front d'un modelé pareil à celui des statues grecques ; — ses grands yeux noirs, aux prunelles à la fois veloutées chatoyantes, lançaient des éclairs ; — ses narines

mobiles frémissaient ; — ses lèvres crispées décou-
vraient l'émail étincelant de ses dents ; — enfin,
un léger nuage pourpre donnait un éclat nouveau
à la pâleur ambrée de ses joues.

— Certes, cette femme n'est point une créature
ordinaire, — se disait la Goule en la contemplant,
— son énergie est digne de sa beauté !... — Qui
sait ce que l'avenir lui réserve en effet?... A tout
hasard mieux vaut avoir en elle une alliée qu'une
ennemie... — Quel peut être ce grand gaillard à
mine de bandit qui l'accompagne ?... — Singulière
tournure, sur ma foi, et visage bizarre de coupe-
jarret peureux !...

Cependant Carmen, après avoir lancé son dernier
mot, venait de tourner le dos à la maîtresse du
Logis-Rouge ; — elle se dirigeait vers la porte, et
elle allait dépasser Moralès qui lui disait tout bas,
d'une voix tremblante et avec une inexprimable
vélocité :

— L'écu de six livres !... malheureuse !... tu oublies l'écu de six livres !... — Reprends donc l'écu
de six livres !...

Carmen ne l'écoutait pas et marchait toujours.

— Attendez ! — fit la Goule tout à coup. Carmen
tressaillit et s'arrêta.

— Elle va nous rendre l'écu de six livres ! —
murmura le gitano. — Caramba ! c'est bien heureux ! — Que saint Jacques de Compostelle en soit
béni !...

— Attendez ! — répéta la Goule.

— Que me voulez-vous ? — demanda la jeune
femme en se retournant.

— Revenez auprès de moi, — reprit Périne, —
je crois que nous allons nous entendre...

— Miséricorde ! — pensa Moralès. — Si elles
s'entendent, plus d'espoir ! — La sorcière va garder
l'écu !...

Déjà Carmen était rentrée dans le cercle lumineux.

— Je vous ai dit que je ne parlais qu'à prix d'or,
— continua la Goule, — et c'est vrai... — J'avili-
rais la science à mes propres yeux en livrant à vil
prix ses trésors ; mais il y a en vous je ne sais quoi
qui m'intéresse... — Ce que je refuse de vous
vendre pour une misérable somme, je consens à
vous le donner pour rien... — ou plutôt, comme
vous semblez fière, et comme je vous crois capable
de ne rien vouloir accepter de moi, je vous propose un échange...

— Lequel ? — demanda la jeune femme.

— La forme un peu étrange des vêtements que

vous portez, et la mandoline qui se balance à la cienture de votre compagnon, m'annoncent que vous êtes une musicienne ambulante...

— C'est vrai, — murmura Carmen, dont une rougeur bien autrement ardente que celle de la colère envahit le visage, — je chante dans les lieux publics afin de gagner ma vie...

— Eh bien, — poursuivit Périne, — de même que pour vous je vais faire mon métier, de même pour moi vous ferez le vôtre... — Quand je vous aurai révélé ce que m'annonceront les lignes de votre main, vous me chanterez une chanson, un noël, une ballade de votre pays... — ce que vous voudrez enfin...

— Soit, — répondit Carmen, — je vous remercie et j'accepte.

— Reprenez votre argent...

La jeune femme ne se conformant point assez vite à cette injonction, Moralès s'élança du fond de la salle où il se dissimulait dans la pénombre; — il bondit en deux enjambées jusqu'à l'écu de six livres sur lequel se refermèrent, comme la griffe d'un oiseau de proie, ses doigts maigres et crochus, et qu'il fit disparaître au plus profond de sa poche.

Cela fait, il battit en retraite en donnant la

preuve d'une rapidité non moins merveilleuse, et il regagna son premier poste.

— Quel est cet homme? — demanda Périne, souriant malgré elle sous son masque de cire.

— C'est mon frère, madame... — dit Carmen avec une sorte de honte.

Mais elle ajouta aussitôt, sans doute afin de relever Moralès dans l'esprit de son interlocutrice :

— Ce frère m'est aveuglément dévoué et donnerait sa vie pour moi... — Il est bon musicien... — Il est brave, et enfin il tire l'épée aussi bien que M. le chevalier de Saint-Georges en personne...

— Une bonne lame! — pensa la Goule. — Cela peut devenir utile en certaines circonstances... — il ne faut rien dédaigner...

Puis, tout haut, elle continua :

— Maintenant, donnez-moi votre main...

— La voici, — répondit Carmen.

Pendant quelques minutes Périne étudia d'un œil pensif les lignes irrégulières formant un réseau sur la petite main fine et blanche qu'elle tenait entre les siennes.

Soudain, elle hocha brusquement la tête, — elle laissa retomber la main de Carmen, et fixa sur le visage de la jeune femme un regard investigateur et défiant.

— Qu'y a-t-il donc? — demanda la bohémienne étonnée.

— Il y a, madame, — répliqua vivement la Goule, — que vous railleriez, et non sans raison, ma prétendue science, si je ne vous avais pas devinée!...

— Que voulez-vous dire?...

— Vous me le demandez?

— Sans doute, car je vous affirme que je l'ignore...

— Eh bien, madame, sachez que je ne suis point dupe de votre déguisement...

— Mon déguisement!! — répéta Carmen. — Je ne vous comprends pas...

— Ah! vous avez voulu mettre en défaut ma perspicacité!... — poursuivit la maîtresse du Logis-Rouge, — et vous avez fort habilement joué votre rôle, j'en conviens! — Vous voyez cependant que vous n'avez pas réussi!... — Avec moi le succès était impossible... — Vous n'êtes point une bohémienne, vous êtes une grande dame!... — Ne cherchez pas à nier... — Ce que je vous dis est pour moi une certitude aussi éclatante, aussi incontestable que la lumière du soleil...

Le front de la jeune femme s'illumina de l'auréole du triomphe tandis que la Goule parlait ainsi, mais les rayons de cette auréole pâlirent et s'éteignirent aussitôt.

— Écoutez-moi, madame, — murmura-t-elle d'une voix émue, — et croyez-moi... — Votre science est immense, je le vois; elle est presque infaillible, je l'avoue, mais certaines destinées offrent des obscurités impénétrables... — la mienne est de ce nombre..., — Ce que vous venez de me dire n'est ni la vérité ni l'erreur... — Vos paroles ne m'étonnent point, et cependant je vous le jure, — vous m'entendez bien, madame, je vous le jure ! — je ne suis en ce moment que ce que je parais être, une gitane, une baladine, et ce misérable écu de six livres, que tout à l'heure vous avez dédaigné, compose à lui seul toute ma fortune...

— Si cela est vrai, — s'écria Périne, — vous êtes née sous une étrange étoile, et mes yeux voient en ce moment ce qu'ils n'ont jamais vu et ce que je croyais bien qu'ils ne verraient jamais...

— Que lisez-vous donc dans les lignes de ma main ?... — balbutia Carmen avec une curiosité haletante ; — qu'y voyez-vous qui vous étonne ainsi ?...

— Un avenir inouï!.... — d'incomparables splen-

deurs !... — un pouvoir sans limites, — presque
une royauté !...

— Splendeur !... pouvoir !... royauté !... — répéta
la jeune femme en passant ses mains sur son front
avec une sorte de délire. — A moi !... à moi !...
tout cela !... — Ai-je bien entendu ?... — ai-je bien
compris ? — Ne vous jouez-vous point de ma crédulité ? — ne raillez-vous point ma misère ?... .

— A mon tour je vous le jure ! — répliqua Périne. — En vous annonçant cette destinée éblouis-
sante, je suis sincère et convaincue...

— Sincère et convaincue, j'y consens... mais ne
vous trompez-vous pas ?...

— Je ne puis me tromper, car ce que je vous pré-
dis, je ne le devine point, je le vois...

— Si vos prédictions incompréhensibles doivent
se réaliser, sera-ce bientôt ?...

— Rendez-moi votre main... il me faut l'étudier
encore avant de vous répondre...

Deux ou trois secondes suffirent à Périne pour
ce nouvel examen.

— Oui, — dit-elle ensuite, — ce sera bientôt...

— Et par quels moyens atteindrai-je ces résultats
grandioses ?...

— Voilà ce que toute ma science ne pourrait me révéler...

— Et ces splendeurs prochaines, comment finiront-elles?...

— Il m'est impossible de répondre à cette question.

— Pourquoi?

— Parce que votre main offre un phénomène sans précédents pour mon expérience, et cependant cette expérience est plus que centenaire... — Regardez vous-même. — La ligne de vie, que voici, au lieu de se prolonger en un sillon puissant, — ainsi qu'il arrive pour les existences qui doivent être longues, — au lieu de s'interrompre brusquement, — ce qui annoncerait une mort prompte et subite, — se mêle peu à peu à d'autres lignes, d'une façon si bizarre et si confuse que je ne parviens point à la suivre distinctement et à deviner où elle s'arrête...

— Alors, selon toute apparence, ma vie sera courte?...

— Courte mais rayonnante, — je le crois.

— Eh bien, j'accepte l'oracle et je l'accepte avec joie... — Vivre et briller comme un météore resplendissant sur le ciel sombre, et m'éteindre comme lui... — j'applaudis à cette destinée! — Je n'en

souhaitais pas plus et je n'en espérais pas tant...
— Vos oracles viennent de raviver en moi toutes
les fièvres de l'espérance! — Merci, madame, merci
cent fois!... — Je serai reconnaissante, je vous supplie de n'en pas douter... — Et maintenant que je
sais ce que vous pouviez m'apprendre, il me reste
à acquitter ma dette envers vous. — Je suis prête...

En même temps Carmen fit un signe à Moralès
qui décrocha sa mandoline et qui s'avança.

— Remettez pour un instant votre masque, —
dit la Goule, — je veux vous faire entendre à un
gentilhomme de mes amis, qui m'attend ici près, et
peut-être vos beaux yeux l'empêcheraient-ils de
vous écouter avec toute l'attention que votre voix
mérite sans doute...

Carmen rattacha son loup de velours et suivit
Périne qui venait d'ouvrir la porte de la petite
salle à manger, ou Luc de Kerjean commençait à
se lasser d'une trop longue solitude.

Moralès, naturellement, marchait sur les talons
de sa sœur.

— Monsieur le baron, — dit la Goule au gentilhomme, en évitant de lui témoigner sa familiarité habituelle, —permettez-moi de vous présenter
une jeune et belle personne à qui l'avenir réserve,

j'ai tout lieu de le croire, de merveilleuses aventures... Elle est musicienne, en attendant mieux et ne refusera point de nous donner un échantillon de son talent...

. Le baron quitta son siège et salua Carmen avec une parfaite courtoisie.

— Monsieur que voici est le frère de mademoiselle — continua Périne en désignant Moralès, — un fort galant et fort vaillant homme, et l'une des meilleures lames de Paris...

· Kerjean fit un demi-salut. — Moralès courba jusqu'à terre sa longue et flexible échine, tout en jetant un regard rempli d'amoureuse convoitise sur deux flacons de vin de Chypre qui semblaient recéler dans leurs flancs rebondis des topazes en fusion.

Périne suivit curieusement la direction de ce regard. — Elle prit l'un des flacons, elle remplit un verre et le présenta à Moralès, tandis que de son côté le baron en faisait autant pour Carmen.

Cette dernière trempa ses lèvres à peine dans le vin parfumé. — Moralès vida son verre d'un seul trait, et s'empara ensuite de celui que sa sœur venait de reposer intact sur la table.

— Mademoiselle, — dit alors Kerjean, — quand

il vous plaira... nous sommes prêts à vous entendre et, pour ma part, je suis convaincu d'avance que nous y prendrons grand plaisir...

Carmen s'inclina légèrement, comme une grande dame qui reçoit un compliment mérité et attendu.

— Je vais, — dit-elle ensuite, — je vais, si vous le voulez bien, chanter *la chanson des Gitanes...*

Kerjean prêta l'oreille et fit un geste de surprise

— Qu'avez-vous donc ? — lui demanda Périne, — d'où vous vient cet air étonné?...

— Il me semble, — répondit-il, — que je connais cette voix et que j'ai déjà entendu mademoiselle...

Carmen regarda le baron avec attention,

— Cela est peu vraisemblable, — murmura-t-elle ensuite, — nous venons seulement, mon frère et moi, d'arriver à Paris, et j'ai la certitude que je me rencontre ce soir avec monsieur pour la première fois...

— Mademoiselle a raison, — reprit le gentilhomme, — mais je n'ai pas absolument tort, et je me souviens maintenant à quelle voix la sienne ressemble d'une manière prodigieuse.

Puis, se penchant vers la Goule, il ajouta tout bas :

— C'est à celle de Jane de Simeuse...

Il y eut un momet de silence.

— Je t'attends, mon frère, — dit Carmen.

Moralès gratta les cordes de sa mandoline, de manière à produire une sorte d'accompagnement sourd et monotone, et sur cet accompagnement la jeune femme chanta, d'une façon irrésistiblement séduisante, les couplets suivants qu'elle appelait, nous le savons, *la chanson des Gitanes :*

Je suis la gitane d'Asie;
L'ombre d'un cèdre antique abrita mon berceau;
Mes ancêtres, tribu choisie,
Passaient la grande mer comme on passe un ruisseau.

* *

J'avais douze ans, lorsqu'un derviche
Plus cassé qu'un bambou sous un pied d'éléphant,
Me dit : Je veux te faire riche,
Viens à Smyrne avec moi, ma gracieuse enfant !...

* *

A sa promesse séduisante
Je préférai la fuite avec ma pauvreté...
Depuis, je vis Athènes, Zante,
Malte, dans l'Océan, immense écueil jeté.

* *

Tout amour me trouva rebelle.
Un Grec, pour un baiser, me donnait ses poignards;

Un Hongrois, qui me trouva belle,
Me promit cent maisons et cent serfs montagnards!...

.

Non... sous une zone lointaine.
Sur le flanc d'un vieux mont dans l'Aragon perdu,
Aux lèvres d'un beau capitaine,
Mon cœur, hélas! demeure à jamais suspendu!

Carmen se tut, — *la chanson des Gitanes* était achevée; Luc et Périne applaudirent avec un enthousiasme de bon aloi, car la voix tout à la fois suave et vibrante de la jeune femme était de celles qui captivent invinciblement et qui descendent jusqu'au fond des cœurs pour en faire jaillir l'émotion...

— Monsieur le baron, — dit alors la Goule, — savez-vous qui vous venez d'entendre chanter?...

— Mais, une musicienne d'une admirable talent, ce me semble... — répliqua le gentilhomme.

— Vous venez d'entendre une reine future...

— Reine d'Opéra, je suppose, — ce qui ne m'étonne point, car mademoiselle mérite assurément de prendre place dans le premier théâtre du monde...

— Eh! qui vous parle d'une royauté de théâtre!... — C'est d'une souveraineté réelle, c'est d'un pouvoir absolu et sans limites que j'ai déchiffré les pronostics dans les lignes de cette belle main...

Kerjean s'inclina sans répondre et sourit avec une incrédulité manifeste.

— Ah! vous croyez que je raille, je le vois bien, — continua vivement Périne, — mais peut-être ne douterez-vous plus quand vous connaîtrez le divin visage que vous cache ce masque...

En prononçant ces mots, la maîtresse du Logis-Rouge dénouait les cordons du loup de la gitane.

A peine le baron eut-il arrêté ses regards sur la figure de la jeune femme, qu'il poussa un cri sourd et chancela comme un homme qui va tomber; mais ce trouble étrange et subit n'eut que la durée d'un éclair. — Le gentilhomme se remit aussitôt, et murmura d'une voix mal affermie :

— Il faut bien que j'en convienne, mademoiselle, je ne m'attendais point à cette souveraine beauté qui vient de m'éblouir comme un coup de soleil imprévu... — Je n'hésite plus à déclarer qu'aucun avenir désormais, quelle que soit sa splendeur, ne me semble improbable pour vous... — Un front comme le vôtre a le droit de réclamer une couronne... — En attendant qu'elle descende sur lui, permettez-moi de vous offrir mes services... — Que puis-je faire pour vous ?...

— Je n'ai besoin de rien, monsieur, — répondit fièrement Carmen.

— Par Notre-Dame d'Atocha ! — fit soudain Moralès. — Que dis-tu là, ma sœur ?... — Ne la croyez pas, monsieur le baron, ne la croyez pas !... Nous avons besoin de tout... Nous avons pour tout bien un écu de six livres... et ce soir même nous allons le dépenser en soupant... — Que nous restera-t-il pour demain ? je me le demande...

Luc de Kerjean prit vingt-cinq pièces d'or dans l'une de ses poches, que gonflaient les mille louis prêtés par la Goule un instant auparavant.

— Mademoiselle, — dit-il ensuite, — je vous supplie d'accepter cette bagatelle... à titre de prêt, bien entendu... — Vous me rendrez cela plus tard, quand aura sonné pour vous l'heure de cette brillante fortune qui ne saurait se faire attendre longtemps.

Carmen n'étendit pas la main, — mais Moralès allongea ses griffes acérées; il s'empara des vingt-cinq pièces d'or, et son visage olivâtre s'illumina comme un paysage d'automne aux rayons du soleil couchant.

— Grand merci de vos bontés, monsieur le baron !... — s'écria-t-il. — Elles ne tombent point sur une terre ingrate ! — c'est moi qui vous en réponds !... — Vous êtes ce que j'appelle un parfait gentilhomme, et je suis prêt à le soutenir l'épée à la main, caramba ! contre quiconque... — Si vous avez par hasard un ennemi, et même deux, monsieur le baron, désignez-les-moi, et vous verrez !...

Tout en articulant ces mots, le gitano fit sonner sa vieille épée et prit la belliqueuse attitude d'un véritable tranche-montagne.

— J'accepte votre dévouement, mon brave, — répliqua M. de Kerjean, — et peut-être aurai-je bientôt l'occasion de le mettre à l'épreuve... — Dites-moi donc où vous demeurez, afin qu'en un cas pressant je puisse vous trouver du premier coup et sans perdre de temps en recherches vaines...

— Monsieur le baron, — répondit Moralès, — notre logis actuel est un peu modeste. — Nous avons pris gîte, en attendant des jours plus heureux, dans une petite hôtellerie de la rue du *Puits-qui-Parle*, à l'enseigne du *Compagnon de saint Antoine*... — Le logis est facile à reconnaître... Outre l'enseigne, on voit au-dessus de la porte un beau petit cochon, très bien imité, en bois et peint en rouge vif, avec les quatre pattes parfaitement dorées...

— L'hôtelier est en même temps rôtisseur ; — il tient boutique au rez-de-chaussée... — Cela embaume les grillades, les boudins, les oies à la broche, et je vous affirme qu'il est bien pénible, pour d'honnêtes gens dont la bourse est vide, de se mettre au lit, le ventre creux, en respirant de si douces odeurs...

— Sous quels noms êtes-vous connus dans cette hôtellerie ? — demanda Kerjean.

— Je n'ai pas cru devoir confier à notre hôte mon véritable nom d'hidalgo... — dit l'Espagnol d'un ton plein de dignité. — Je n'aime ni les indiscrets, ni les curieux... — On nous appelle donc tout simplement, rue du Puits-qui-Parle, *les musiciens de l'Estramadure...*

Le gentilhomme breton tira de la poche de son habit un petit portefeuille et prit quelques notes.

— Il répéta de nouveau à Carmen qu'il se mettait entièrement à sa discrétion et que, si elle avait besoin de lui, il l'engageait fort à venir le demander à la Goule qui le ferait prévenir aussitôt.

— Moralès rattacha sa mandoline au ceinturon de son épée. — Carmen rajusta son masque, puis le frère et la sœur quittèrent le Logis-Rouge, le premier tout gonflé de joie, la seconde, ivre d'espérance.

Moralès ne songeait qu'à l'heure présente. — Il sentait sa bourse bien garnie de pièces d'or, — il se délectait à la pensée d'un souper copieux, arrosé amplement, après de longs jours de pain dur et sec, et d'eau claire.

La gitane, au contraire, oubliait tout pour contempler d'un œil ébloui les mirages de l'avenir.

Nous rejoindrons bientôt les deux aventuriers.

Aussitôt que Périne et Luc de Kerjean se retrouvèrent en tête-à-tête, ils se regardèrent bien en face, et ils s'écrièrent tous les deux à la fois :

— Expliquons-nous maintenant...

— Et d'abord, — demanda le baron, — quel est ton but en jetant par tes prédictions, dans la tête de la bohémienne, des espérances folles et des rêves insensés?...

— Je n'ai fait, — répondit la Goule, — qu'apprendre à cette merveilleuse créature ce que me révélaient les lignes de sa main.

— Quoi!... c'était donc vrai?

— C'est vrai... — Richesse et puissance, l'avenir lui garde et lui promet tout...

— Mais toi-même, Périne, tu ne crois guère aux oracles que tu formules...

— J'en conviens... et peut-être est-ce un tort, car en ce moment, tu le sais, mon cher baron, mes oracles semblent s'accomplir...

Pendant quelques minutes le gentilhomme demeura rêveur et le front penché.

— A ton tour... — dit la Goule quand M. de Kerjean releva la tête. — Explique-moi le cri qui s'est échappé de tes lèvres, explique-moi le trouble qui s'est emparé de toi, au moment où le masque de la gitane est tombé!... — Cette beauté radieuse a-t-elle ébranlé ta raison, et l'amour, comme un coup de foudre, a-t-il frappé ton cœur?...

Le baron secoua la tête.

— Non, — fit-il, — ce n'est point cela... — Mon trouble avait une autre cause...

— Et cette cause?

— La voici : — As-tu contemplé parfois, sur la tige d'un arbrisseau, deux fleurs jumelles qui croissent et s'épanouissent côte à côte, si semblables de formes, de couleurs et de parfums, qu'aucun œil humain ne saurait les distinguer l'une de l'autre, et qu'on dirait qu'elles ne sont point deux fleurs, mais une fleur répétée deux fois?...

— J'ai vu cela souvent...

— Eh bien, la chanteuse errante et la fille des Simeuse sont les deux fleurs dont je te parle...

— Est-ce possible!! — murmura Périne. au comble de l'étonnement.

— C'est si bien possible, qu'en regardant le visage de cette créature j'ai cru voir celui de Jane de Simeuse... Déjà, tu t'en souviens, en entendant sa voix, il m'avait semblé entendre la voix de Jane...

— Dans ces deux femmes tout est pareil... — les traits, la taille, les attitudes! — La figure a la même expression, — les lèvres ont le même sourire, — les yeux ont la même fierté!... — Enfin, place la fille noble à côté de la gitane, et les regards d'une mère resteront indécis entre elles...

— et le cœur d'une mère hésitera!... — Que dis-tu de cela, Périne?...

— Je dis, — répliqua la Goule après un silence, — je dis que la soirée d'aujourd'hui est une soirée heureuse, — je dis que le hasard se fait plus que jamais notre allié, et qu'il ne faut perdre de vue ni cette fille ni son frère...

Kerjean ouvrit son portefeuille et lut à haut voix :

— « Rue *du Puits-qui-Parle*, — hôtel du *Compa-*

gnon de saint Antoine, demander les *musiciens de l'Estramadure.* »

Puis il ajouta :

— Je devine ta pensée, ma belle amie, et cette pensée est aussi la mienne...

X

LA TOUR DES MAUVES

Presque toujours le passé explique le présent et prépare l'avenir.

Cet axiome, d'une incontestable justesse, va recevoir dans les pages suivantes une application nouvelle et une éclatante confirmation.

Nous allons faire une excursion rapide dans le passé de deux de nos principaux personnages, Périne Engoulevent, la tireuse de cartes, la diseuse de bonne aventure, la nécromancienne, la magicienne, la sorcière, et le baron Luc de Kerjean, le gentilhomme ruiné et dégradé, dont nous connaissons en partie déjà les ambitieux projets.

15,

Puis, après avoir jeté en arrière cet indispensable coup d'œil, nous rentrerons, pour n'en plus sortir, dans le vif de notre récit.

Les faits que nous allons raconter se passaient vingt-quatre ans environ avant l'époque où commence la première partie de cette histoire, ce qui nous reporte en 1748.

Nous prions nos lecteurs de vouloir bien nous accompagner au fond de cette province de Bretagne que le poète Brizeux appelle :

La terre de granit, recouverte de chênes.

Nous les conduirons, non loin de la petite ville de *Roscoff*, sur ces grèves sauvages où le vieil Océan, éternellement soulevé, vient se briser avec de longs gémissements contre de mornes falaises.

A une lieue environ de l'humble cité maritime s'élevait alors, à l'extrémité d'un hameau d'une cinquantaine de feux, un manoir bien bâti et d'aspect féodal dont il ne reste plus aujourd'hui le moindre vestige.

Ce manoir s'appelait dans le pays : *le joli château de Kerjean;* — il faisait partie du domaine héréditaire des seigneurs de ce nom, gentilhommes de haute lignée, barons depuis 1360, et qui s'étaient rattachés, par des alliances successives, à presque toutes les |grandes familles de l'antique province.

Le baron Régis de Kerjean, déjà vieux en 1748 puisqu'il atteignait alors sa soixante et dixième année, était riche de trente mille livres de rente en bonnes et belles terres; ce qui constituait, au milieu du dernier siècle, une fortune considérable équivalant à plus de cent cinquante mille livres de rente de notre époque.

Le digne gentilhomme n'avait qu'un fils, — Luc de Kerjean, — venu au monde sous de funèbres auspices, car sa naissance, quatorze années auparavant, avait coûté la vie à sa mère. — Nous reviendrons bientôt à lui.

A l'extrémité du hameau, par conséquent à un quart de lieue du manoir, s'élevait une maisonnette, ou plutôt une chaumière de pauvre apparence, habitée par une vieille femme d'excellente réputation.

Cette vieille femme se nommait Yvonne Tréal, — elle était la veuve de Jacques Engoulevent, l'un des garde-chasse du baron, et vivait dans une certaine aisance, grâce à une petite pension que M. de Kerjean lui payait, en mémoire des bons services de feu son mari. — Yvonne avait auprès d'elle sa fille unique, Périne, âgée de dix-huit ans à peine, et dont la remarquable beauté commençait à mettre le feu aux quatre coins du pays. — Nous allons, dans un instant, nous occuper de cette dernière.

Enfin, — sur la pointe la plus aiguë d'une falaise décharnée dont les vagues de l'Océan rongeaient lentement la base, — s'élevait une tour en ruine, si vieille que son origine se perdait dans la nuit des temps.

Cette tour se trouvait située à un quart de lieue du manoir des Kerjean et de la chaumière d'Yvonne... — la ruine, la maisonnette et le château formaient par conséquent les trois angles d'un triangle équilatéral.

C'était une étrange fille que Périne Engoulevent ! — Plus belle et surtout plus intelligente que ses jeunes compagnes, parmi lesquelles elle ne comptait pas une amie, elle n'avait ni les goûts de son âge, ni les idées de sa caste et de sa province. — Instinctivement orgueilleuse, elle ne se livrait qu'avec une extrême répugnance et une non moins grande mauvaise volonté aux travaux champêtres qui tiennent une si grande place dans la vie des paysannes... — Elle nourrissait, presque à son insu, de vagues aspirations vers un avenir entrevu dans ses rêves, et qu'il lui aurait été impossible de définir. — On ne trouvait au fond de son âme ni la naïveté ni la foi bretonnes, et le recteur de la paroisse s'effrayait fort de ce qu'il nommait le *désordre d'esprit* et les *mauvaises idées* de la jeune fille.

Le digne prêtre n'avait pas précisément tort de s'épouvanter ; — l'esprit bizarre et railleur de Périne se donnait volontiers carrière, avec une verve pleine d'âpreté, aux dépens de tout ce que les bonnes âmes trouvent respectable ; — il n'épargnait pas même les mystères de la religion et les choses sacrées, — scandale inouï et presque incompréhensible, si l'on veut bien se souvenir que ceci se passait en pleine Bretagne et au milieu du dernier siècle.

La science seule, — ou du moins ce qu'elle se figurait devoir être la science, — avait pour la jeune fille des prestiges infinis. — Sans aide, sans direction, sans conseils d'aucune sorte, elle était parvenue à déchiffrer les caractères d'un vieux livre de messe, égaré dans la chaumière maternelle où personne n'avait jamais su lire.

Les chaleureuses admirations des *gars* du

hameau de Kerjean et de ceux des paroisses voisines ne lui causaient aucune émotion et la laissaient froide et indifférente... — elle se considérait comme infiniment supérieure à tous ces rustres, et pour rien au monde elle n'aurait consenti à devenir la femme de l'un d'eux...

Qu'espérait-elle donc ? — Il nous faut ici répéter qu'elle ne le savait pas.

La plus grande jouissance de Périne était, aux heures de la marée basse, de s'en aller errer sur les plages humides que le flot venait d'abandonner en se retirant et là, foulant de ses petits pieds chaussés de lourds sabots le tapis épais des algues et des goëmons, elle se récitait à elle-même, sans trêve et sans relâche, toutes les merveilleuses légendes, toutes les traditions surnaturelles, toutes les vieilles histoires d'enchanteurs, de magiciens, de sorciers, dont elle avait pris soin d'orner sa mémoire depuis son enfance.

Périne, nous l'avons dit, se riait des choses saintes; mais, par une anomalie plus fréquente qu'on ne pense, les choses fantastiques exerçaient sur elle d'irrésistibles fascinations.

Il nous est arrivé à mainte reprise de rencontrer des gens, lesquels avaient la prétention de jouir

de tout leur bon sens et qui, ne croyant point en
Dieu, croyaient au diable!... Oh! déraison de la
raison humaine!...

Le caractère inquiétant de la jeune fille et ses
instincts incompréhensibles désespéraient sa mère,
— simple et pieuse femme s'il en fut! — Yvonne
faisait neuvaines sur neuvaines et allumait chaque
mois un petit cierge pour obtenir de sainte Anne
d'Auray la transformation morale de Périne. — Les
neuvaines ne produisaient rien, — les cierges
brûlaient sans résultat.

Un jour, Périne fut appelés chez le recteur pour
y recevoir une réprimande méritée par sa tenue
plus que distraite à l'église pendant les offices; —
elle ne prêta qu'une oreille inattentive à l'admo-
nition du vieux prêtre, mais en revanche elle
trouva moyen de commettre un méfait nouveau et
beaucoup plus grave que les précédents.

Elle s'empara d'un petit volume à tranches
rouges, placé à la portée de sa main; — elle le cacha
dans son corsage, et elle l'emporta comme une précieuse conquête, comme une inestimable proie.

Ce que c'était que ce livre, Périne l'ignorait, et il
lui était bien difficile de l'apprendre, car sa science
allait jusqu'à déchiffrer des lettres et à épeler tant

bien que mal des syllabes, mais non point jusqu'à
réunir des mots, assembler des phrases et à en
pénétrer le sens. — Peu lui importait d'ailleurs...
— Un livre, par cela même qu'elle ne le comprenait
pas, avait pour elle l'enivrant attrait de l'inconnu.
— Il lui semblait que ces pages, couvertes de
caractères pressés les uns contre les autres, renfer-
maient toute la science, tous les secrets, tous
les trésors du monde.

Fière et joyeuse de son larcin Périne, en quittant
le presbytère, se dirigea vers la partie la plus
déserte et la plus sauvage des falaises, afin de n'être
point distraite dans l'étude qu'elle se proposait de
commencer.

On était au mois d'août. — L'angélus venait de
sonner ; les rayons perpendiculaires du soleil
versaient sur la campagne des torrents de flammes.

La jeune fille atteignit le promontoire à l'extrémité duquel se dressait, comme un géant de granit,
cette construction antique dont nous avons déjà
parlé, et qu'on appelait dans le pays *la tour des
Mauves*, en raison du grand nombre d'oiseaux de ce
nom qui nichaient dans les trous de ses murailles, dans les embrasures de ses meurtrières, et

parmi les arbustes sauvages semés par les tempêtes et enracinés sous ses créneaux.

L'intérieur de la tour était dans un état de conservation passable.

Le rez-de-chaussée offrait une salle voûtée, assez vaste. — A la vérité la porte manquait et la fenêtre unique n'avait plus de vitres. — Un étroit escalier, dont chaque marche s'incrustait profondément dans la muraille, conduisait à une seconde pièce située au premier étage, et continuait jusqu'à une terrasse crénelée d'où la vue pouvait s'étendre sur les pays environnants, à plusieurs lieues à la ronde, et sur les espaces infinis de l'Océan.

Aucun paysan, aucun *pâtour*, aucun pêcheur, ne pénétraient jamais dans la tour, d'où les éloignaient des terreurs superstitieuses. — Personne n'ignore qu'il n'existe pas en Bretagne une ruine, un vieil édifice, un rocher, un dolmen, auxquels ne se rattache quelque légende.

Mais nous savons déjà que Périne était un esprit fort, et que d'ailleurs le merveilleux et le surnaturel l'attiraient.

Elle franchit donc le seuil descellé qu'obstruaient à demi des broussailles et des plantes grimpantes, — elle entra dans la salle voûtée, — elle s'assit sur un banc de granit placé à côté d'une cheminée immense, conservant encore sur son manteau des traces d'armoiries inconnues ; — elle tira de son corsage le livre dérobé (un innocent *manuel* de théologie !) et, l'ouvrant au hasard, elle s'efforça d'en pénétrer les mystères, prononçant tout haut chaque lettre, et les réunissant de son mieux aux lettres voisines pour en former des mots.

La jeune fille se livrait corps et âme, avec une indicible ardeur, à cette difficile et ingrate besogne, — elle s'irritait de n'arriver à aucun résultat, — elle frappait du pied les dalles, et de grosses gouttes de sueur coulaient une à une sur son front.

Soudain un bruit léger, qui semblait partir des voûtes même de la salle basse, la fit tréssaillir et la tira de sa préoccupation.

Elle leva les yeux et, malgré la fermeté de son caractère, elle ressentit un mouvement involontaire de trouble et d'effroi.

En face d'elle, et sur la marche la plus élevée de l'escalier qui conduisait à l'étage supérieur, elle venait d'apercevoir une figure presque fantastisque, immobile et les regards attachés sur elle.

La première pensée de Périne fut de se lever et

de prendre la fuite, mais presque au même instant elle se rassura.

L'apparition qui venait de s'offrir à sa vue avait l'apparence d'un vieillard plus que centenaire. — Son crâne chauve brillait comme de l'ivoire jauni; — deux mèches de cheveux, d'une blancheur de neige, tombaient de ses tempes, de chaque côté de son maigre visage qu'allongeait encore une barbe blanche et fourchue descendant jusqu'au milieu de la poitrine; des besicles de fer, à cheval sur son nez crochu, faisaient ressembler ses yeux à ceux d'un hibou; — une houppelande de couleur indécise, qu'une ceinture de corde serrait autour de sa taille, couvrait ses membres débiles.

Périne fit un raisonnement court et logique.

— Ou cet être bizarre est véritablement un vieillard, — se dit-elle, — et alors aucun danger ne me menace, — ou c'est un esprit surnaturel qui se montre à moi, et quel mal pourrait-il me faire?...

Puis, complètement rassurée, elle attendit. — Son attente ne fut pas longue : — l'apparition se mit en mouvement, descendit avec une sage lenteur les marches étroites de l'escalier et s'approcha de la jeune fille.

Périne put alors se convaincre qu'elle avait bien

réellement devant elle un être vivant, en chair et en os.

— Que faites-vous là, mon enfant? — lui demanda le vieillard d'une voix encore ferme, mais qu'un accent tudesque très prononcé rendait peu agréable à entendre.

Pour toute réponse la jeune fille montra son livre.

— Ah! ah! — continua le vieillard, — vous lisez — J'aurais dû le voir... — Mais que voulez-vous! je n'ai plus mes yeux de vingt ans... — D'ailleurs les verres de mes besicles sont peut-être un peu troubles... — Et, s'il vous plaît, que lisez-vous donc?...

Périne lui tendit le volume qu'il saisit d'une main ridée et tannée comme celle d'une momie, et qu'il ouvrit à la première page.

— « *Nouveau manuel de Théologie, à l'usage de messieurs les recteurs et desservants des paroisses du diocèse de Vannes!* — lut-il tout haut en accompagnant chaque mot d'une exclamation et d'un ricanement.

— Cornes du diable! ma jolie enfant, voilà une singulière lecture pour une fillette de votre âge!! Est-ce que vous auriez, par hasard, la vocation de prendre le voile dans quelque couvent du voisinage?...

— Oh ! non !... — s'écria Périne vivement et avec conviction.

— Mais alors pourquoi lisez-vous ceci?

— Hélas ! — murmura la jeune Bretonne en soupirant, — je ne lis pas... j'essaye d'apprendre...

— A lire ?...

— Oui.

— Et vous tenez beaucoup à savoir?...

— Si j'y tiens!... — plus qu'à tout au monde!...

— Rien de plus facile que de vous satisfaire...

— Comment?

— Je vous apprendrai...

— Vous!! — s'écria Périne stupéfaite.

— Pourquoi pas? Mes leçons en vaudront bien d'autres... et, pour peu que cela vous soit agréable, vous en aurez une chaque jour...

— Chaque jour?...

— Mais, sans doute.

— Où demeurez-vous donc?

— Ici...

— Dans la tour des Mauves?...

— Dans ce vieux donjon, quel que soit le nom dont on l'appelle... — Je ne suppose pas que le propriétaire de céans ait l'inhumanité de déloger un pauvre vieilliad...

— Le tour des Mauves n'appartient à personne,
— elle est déserte depuis plus de cent ans...

— Elle l'était hier peut-être,.. mais la voilà habitée aujourd'hui...

— Il n'y a pas de meubles...

— Bah! — les meubles ne servent qu'à embarrasser les maisons...

— Pas de lit...

— Je ne suis guère difficile... — Sur une botte de paille on dort tout aussi bien que Louis XV dans son palais de Versailles...

— Comment vivrez-vous ?...

— C'est mon affaire... — Ne vous inquiétez point de cela, petite fille ; je sais vivre partout... — je suis de ceux que rien n'embarrasse...

— Qui êtes-vous donc?

— Je suis un sage.

— Un sage, cela veut-il dire un savant?

— Cela veut même dire un peu plus, quoique, généralement, les savants se soient pas des sages...
— moi qui vous parle je suis l'un et l'autre...

— Alors puisque vous êtes un savant, vous savez tout?...

— Tout, et autre chose encore... — *omni re scibili, et quibusdam aliis...*

— Ce que vous savez, voulez-vous me l'enseigner?...

Le vieillard eut un accès d'hilarité si violent que toute sa chétive personne semblait au moment de se désorganiser, comme une préparation estéologique dont les attaches se disjoignent.

— Vous enseigner ce que je sais? — fit-il ensuite. — Il me faudra peut-être un peu longtemps pour cela, ma mignonne... — mais enfin je ne dis pas non... — Commençons par apprendre à lire, nous verrons ensuite...

— Quand me donnerez-vous ma première leçon?...

— Demain, si vous voulez.,.

— Pourquoi pas aujourd'hui?...

— Aujourd'hui j'ai marché beaucoup, et vous me voyez las...

— Alors, reposez-vous vite... — je suis si pressée d'être savante...

Le vieillard se mit à rire de nouveau, puis il murmura :

— Cornes du diable!... quelle impétuosité! — je crois que voici une élève qui me pourra faire quelque honneur!...

— Je vous laisse vous reposer, — reprit Périne,

— je reviendrai demain à l'heure de l'angélus... — Vous me promettez bien que vous ne serez point parti?...

— Soyez parfaitement rassurée à cet égard, ma jolie fille... — La ferme intention du vieil Isaac est de ne plus quitter la tour des Mauves que lorsqu'on l'emportera, bien et dûment cloué entre les quatre planches d'un cercueil...

Tranquillisée par cette assurance, Périne se dirigea vers la porte; mais avant de l'atteindre elle revint sur ses pas en disant :.

— Quand vous parlerez aux gens du pays, aux gars de chez nous, ne leur dites point que vous me donnez des leçons et que vous allez me rendre savante s'il vous plaît, — il ne faut pas qu'ils le sachent.

— Leur en parler !... je n'aurai garde ! — Dormez en paix, fillette, le vieil Isaac est muet comme un cachot et discret comme une tombe...

Il nous suffira d'un bien petit nombre de lignes pour apprendre à nos lecteurs ce qu'était véritablement le bizarre personnage que nous venons de leur présenter.

Samuel-Isaac Keyser, juif allemand, âgé de quatre-vingt-cinq ans en 1748, avait vécu pendant

soixante années à Paris, où il s'était fait une renommée immense et ténébreuse sous le nom de
Samuel.

Très savant, encore plus vicieux, avare ou plutôt
avide, il avait résolu, dès sa jeunesse, de devenir
riche à tout prix et par tous les moyens, et il s'é-
tait convaincu par la réflexion qu'il ne pourrait arriver plus vite et plus sûrement à la fortune qu'en
exploitant à son profit les mauvais côtés de l'hu-
manité, ses erreurs, ses ambitions folles ou coupables.

Très versé dans les pratiques des sciences occultes, Samuel s'était donc fait astrologue, chiroman-
cien, nécromant, — et bientôt sa réputation grandissante avait attiré chez lui la foule et fait pleuvoir
l'or dans ses cassettes et dans ses coffres.

Ce n'est pas tout.

Le hasard, ou plutôt l'une de ces affinités inex-
plicables qui veulent que les méchants se rencon-
trent sans se chercher, mit en face l'un de l'autre
Samuel et Exili, — l'Italien Exili, l'élève et l'ami
du chevalier de Sainte-Croix et de la marquise de
Brinvilliers.

L'âme de l'Italien et celle de l'Allemand étaient
faites pour se comprendre, — une liaison étroite

unit les deux hommes. — Bientôt Exili n'eut plus de secrets pour Samuel, et le juif put essayer avec plein succès, dans un laboratoire mystérieux, les infernales combinaisons du *poison des Borgia*, de *l'aqua tofana*, de la *poudre de succession*, et de nombre d'autres recettes toxicologiques non moins admirables, quoique moins illustres.

A partir de ce jour Samuel se vit sur le grand chemin qui mène tout droit au million. Il avait à son arc une seconde corde, une véritable corde d'or, bien autrement productive que la première.

Ainsi il commençait par vendre à beaux deniers comptants, à l'héritier pressé de jouir, l'assurance charmante que le trépas d'un riche parent était prochain et inévitable.

Il se chargeait ensuite, moyennant une seconde rémunération dix fois plus forte que la première, de réaliser la prédiction, de devancer même l'époque de son accomplissement, et d'envoyer le testateur dans l'autre monde, au plus grand profit du légataire.

Tout alla bien pour Samuel aussi longtemps qu'Exili vécut, — aussi longtemps qu'il fut possible d'inscrire toutes les morts inexpliquées au bilan sinistre de cette bande d'empoisonneurs que M. de la Reynie traqua vainement dans les ténèbres du vieux Paris sans la pouvoir détruire, et qui nécessita la création de la *chambre ardente*, de terrible et vengeresse mémoire.

Mais lorsque les derniers affiliés de cette horde infâme eurent expié leurs crimes sur la roue et sur le bûcher, lorsque Samuel se trouva le seul et dernier représentant d'une *industrie* jadis si florissante, les bénéfices grossirent à la vérité d'une façon incalculable, mais les risques augmentèrent dans une proportion non moins grande.

Devenu riche et devenu vieux Samuel, ne fût-ce que par un intelligent égoïsme, aurait dû s'arrêter sur la route fatale qu'il suivait. — Il n'eut pas cette prudence, ou plutôt ce courage. — Il possédait beaucoup… — Le million était dépassé depuis longtemps, il voulut posséder plus encore. — Cette soif insatiable le perdit.

Un coup de tonnerre inattendu retentit soudain dans le ciel du vieux misérable.

A la suite de plaintes portées contre lui et étayées de preuves écrasantes, il fut décrété de prise de corps, et n'eut que le temps de s'enfuir de son logis par une porte secrète, en emportant pour unique épave deux ou trois centaines de louis renfermés dans une ceinture de cuir qui ne le quittait jamais.

On le condamna par contumace, — on le brûla vif en effigie, — sa maison fut mise sous le séquestre et le fisc s'empara des trésors entassés dans ses caves, car Samuel ne faisait jamais de placement, et il se plaisait à contempler chaque jour, pendant de longues heures, ses richesses métalliques avec une extase passionnée.

Tandis que ceci se passait à Paris le juif, très philosophe au fond, et consolé déjà de sa ruine par l'idée qu'il pouvait et devait, dans cette tempête imprévue laisser non seulement son argent mais sa vie, — le juif, disons-nous, se dirigeait à pied et à petites journées vers la Bretagne.

Il s'était prouvé à lui-même, et non sans raison, qu'aucun pays ne pouvait offrir au vieil astrologue, au vieil empoisonneur, un plus sûr asile que la terre classique de la foi vive et de la loyauté sans tache.

Un beau jour Samuel, arrivant aux bords de l'Océan, vit en face de lui *la tour des Mauves;* — il en visita l'intérieur; — il le trouva suffisamment délabré pour se croire en droit de conclure qu'on ne lui ferait point payer de loyer, — considération d'un grand poids! — et, enfin, il venait de s'y ins-

ʄaller une heure environ avant le moment où Périne en franchit le seuil.

Nous avons assisté à la première entrevue de la
Bretonne et du juif.

Il nous reste maintenant à apprendre à nos lecteurs ce qui devait résulter de la rencontre de la
jeune fille et du vieux bandit.

XI

UNE MORT ET UN AMOUR

Le juif astrologue et empoisonneur réfugié dans la tour des Mauves, ne pouvait rencontrer une élève plus assidue et plus intelligente que Périne. — Au bout de quelques semaines la jeune fille, non seulement savait lire les pages imprimées du manuel de théologie, mais encore elle déchiffrait couramment l'écriture tremblée et irrégulière de Samuel. — Le vieillard n'arrêta point là ses leçons, — il mit une plume dans la main de Périne et il lui apprit à s'en servir.

Nous l'avons dit, la Bretonne était avide de science; — ces premières connaissances redou-

blèrent son ardente soif de savoir; — elle supplia
Samuel de ne point abandonner une éducation en
si bon train, et le juif, trouvant en son écolière un
esprit audacieux, une âme déjà dévoyée et facile à
pervertir complètement, consentit à lui révéler les
mystères de sa vie passée, et à lui transmettre,
comme un fatal et terrible héritage, ses formidables
secrets de tous genres.

—Cette enfant sera digne de me succéder un jour...
— se dit-il, — elle prendra ma place en ce monde;
— elle complètera mon œuvre inachevée; — elle
me vengera de ceux qui, après s'être faits mes complices en se servant de moi, m'ont lâchement laissé
condamner à mort, et n'ont pas tenté une seule
démarche, n'ont pas prononcé une seule parole
pour me sauver...

A partir du moment où Samuel eut formulé cette
résolution, il se montra aussi ardent à l'enseigne-
ment que Périne l'était à l'étude.

La jeune fille fut initiée d'abord, avec une luci-
dité merveilleuse, aux pratiques étranges de l'astrologie, de la cabale, de la chiromancie et des
autres sciences occultes chères au moyen âge, et
remises en si grand honneur quelques années auparavant par l'illustre Cagliostro; — mais, chose

digne de remarque, en même temps que Samuel lui apprenait à pratiquer, il lui défendait de croire.

— Pour exploiter avec une heureuse audace la crédulité du vulgaire, — se disait le vieillard, — le scepticisme le plus absolu et de première néces- sité.

Une année suffit à Périne pour enfermer dans sa mémoire, pour s'assimiler en quelque sorte, le trésor des connaissances bizarres amassées par Samuel pendant soixante ans de patientes recherches. — Les études de la Bretonne reçurent alors une nouvelle direction. — Le solitaire de la tour des Mauves dévoila, pour son élève, les arcanes de la mystérieuse et terrible science des poisons.

Sous la direction infaillible de l'ami, du confident d'Exili, Périne fit des progrès rapides et, avant qu'une nouvelle année se fût écoulée, la jeune fille n'avait plus rien à apprendre du juif.

On eût dit que Samuel n'attendait que ce moment pour quitter ce monde et pour rendre sa vilaine âme au diable, dont elle était l'humble servante.

Un jour du mois d'août 1750, deux ans par conséquent après l'arrivée du juif en Bretagne, Périne vint faire à la tour des Mauves sa visite habituelle.

Le temps était lourd, le ciel orageux ; de brusques éclairs sillonnaient les nuages livides entassés sur l'Océan comme de fantastiques citadelles.

La Bretonne traversa la salle basse et gravit rapidement l'escalier du premier étage, — elle trouva Samuel étendu sur les bottes de paille qui lui servaient de lit. — Le visage parcheminé du juif avait pris des tons étranges, — ses yeux n'avaient plus de regard, — un souffle lent et pénible soulevait à des intervalles irréguliers sa poitrine décharnée.

— Est-ce toi, Périne ? — murmura-t-il, tandis que la jeune fille s'arrêtait en face de lui.

— Vous me demandez si c'est moi? — s'écria-t-elle. — Ne me voyez-vous donc pas?...

— Non, je ne te vois pas, — répondit le juif, — et c'est à peine si je t'entends... — Le doigt de la mort m'a touché... — La paralysie m'envahit et change mon corps en cadavre... — Avant une heure tout sera fini...

La Bretonne ne fit aucune réponse. — Il était évident pour elle que Samuel ne se trompait pas.

— Penche-toi sur moi, — reprit le juif, — car ma voix s'affaiblit de plus en plus, et écoute les derniers conseils... les dernières volontés... les derniers ordres de ton vieux maître... — Je t'ai donné

le seul vrai bien, le seul incomparable talisman :
la science du mal!... — Grâce à moi, tu seras riche
et tu seras puissante. — Ton avenir est entre tes
mains... — Quitte ce pays, où tu ne saurais vivre
avec les goûts et les ambitions que je te connais
et que j'ai développés de mon mieux... — Va à Paris. C'est là qu'est ta place... — Paris est la cité
reine, la Babylone des temps modernes, où toutes
les passions ont des temples et tous les vices des
adorateurs... — Passions et vices, tu sauras tout
exploiter!... — Dans la boue tu chercheras l'or!...
— Je te promets une ample récolte... une récolte
qui dépassera tes espérances et tes rêves eux-
mêmes!... — J'avais conquis des millions... tu les
conquerras comme moi... — La mine où tu des-
cendras est encore vierge, toujours féconde, éternellement riche!... — Sois plus adroite et plus
sage que ton maître... — Sache t'arrêter à temps,
— sache garder ton or... — L'or et la science,
voilà les deux mots de la vie... tout le reste n'est
rien...

Samuel s'interrompit, le râle sourd de l'agonie
se mêlait à sa respiration stridente.

L'orage, chassé des points les plus éloignés de
l'horizon par les souffles du large, se rapprochait

peu à peu. — Déjà l'on entendait retentir les premiers coups de tam-tam de l'orchestre de la tempête.

Le juif, un instant ranimé, venait de se laisser retomber en arrière.

— C'est fini... — pensa la jeune fille, — il ne parlera plus...

Périne se trompait.

La main de Samuel s'agita pour faire signe à la Bretonne de se pencher de nouveau vers lui. — Elle obéit, elle appuya presque son oreille aux lèvres défaillantes du vieillard, et elle put saisir dans un souffle suprême ces paroles entrecoupées et interrompues :

— Autour de mes reins... une ceinture... de l'or... il est pour toi... — Paris... — va... — n'oublie pas...

Les lèvres s'agitèrent encore, mais la voix s'éteignit. — La jeune fille écoutait toujours, elle n'entendit plus rien. — Au bout d'une ou deux secondes le silence profond fut interrompu par un coup de tonnerre si retentissant et si rapproché, qu'on eût dit que la foudre venait de tomber sur les créneaux mêmes de la tour.

Périne cacha son visage dans ses deux mains.

Le corps de Samuel, galvanisé, tressaillit une dernière fois sur sa misérable couche.

— Néant, me voici... reçois-moi... — balbutia la bouche à demi glacée déjà.

Un rauque soupir s'échappa de la gorge contractée, — les yeux tournèrent dans leurs orbites, — le juif était mort.

Pendant l'espace d'une demi-minute Périne contempla ce cadavre, sans qu'aucune nuance d'émotion se peignît sur son visage impassible. — Ensuite, se penchant vers le corps, et sans même s'assurer que le cœur avait cessé de battre, elle détacha la ceinture de cuir, — elle l'ouvrit et, s'accroupissant sur les dalles, elle se mit à compter avidement les pièces d'or que renfermait cette ceinture.

Elle en trouva près de deux cents.— Le juif avait dépensé le reste, pendant les deux années de son séjour en Bretagne, pour subvenir aux humbles nécessités de sa vie, et pour faire venir de la ville la plus proche quelques livres et quelques instruments d'astronomie nécessaires à l'instruction de Périne.

Cette dernière était ivre de joie. — Les poignées d'or qu'elle maniait lui semblaient devoir être inépuisables. — L'avenir se déroulait radieux devant elle ; — nul obstacle ne pouvait désormais entraver sa marche, puisque, grâce à l'héritage du vieillard, elle allait s'élancer vers Paris, la ville féerique où la richesse et la puissance l'attendaient...

Quant à donner un regret, une larme, un souvenir à celui dont le cadavre à peine refroidi gisait à côté d'elle, Périne n'y songeait même pas...

L'élève était digne du maître !...

L'ouragan éclatait dans toute sa force. — Le tonnerre grondait sans relâche. — Les vagues soulevées de l'Océan venaient se briser avec des mugissements sourds et des clameurs aiguës contre la base des falaises que dominait la tour des Mauves. — La pluie tombait, mêlée de grêle et fouettée par les rafales impétueuses.

Périne descendit dans la salle basse, après avoir caché sous la première de ses triples'jupes bretonnes la précieuse ceinture qui renfermait sa fortune et ses espérances.

Elle attendit pendant une heure que la tempête un peu calmée lui permît de reprendre le chemin du village. — Au bout de ce temps le vent s'apaisa, les éclairs pâlirent, les roulements de la foudre s'éloignèrent, — quelques espaces d'un bleu vif apparurent entre les nuages bouleversés, et enfin un joyeux rayon de soleil resplendit sur les genêts sombres et sur les ajoncs aux fleurs d'or.

La Bretonne quitta la tour et se mit à courir dans la campagne.

A peine venait-elle de faire quelques centaines de pas et de dépasser l'angle d'un taillis de chênes rabougris que le vent de la mer avait rendus bizarrement difformes, qu'elle se trouva face à face avec un beau jeune homme, marchant le fusil sur l'épaule et suivi de deux chiens de chasse.

Évidemment ce chasseur avait dédaigné de chercher un abri pendant la tempête car ses vêtements, d'une étoffe recherchée et d'une coupe élégante, russelaient d'eau comme s'il venait de se plonger tout habillé dans la mer. — Sa taille était celle d'un homme, mais son visage restait presque celui d'un enfant. — Tout au plus ses traits charmants et sa fraîcheur de jeune fille accusaient-ils quinze ou seize ans. — Rien ne pouvait d'ailleurs surpasser la beauté de ce visage aux lignes régulières et aristocratiques.

Nous ne tracerons point un portrait détaillé de ce jeune seigneur que nos lecteurs connaissent déjà. — Nous leur avons montré le baron Luc de

Kerjean parvenu à la trente-huitième année de son âge... qu'ils devinent ce que devait être le brillant gentilhomme dans toute la fleur de sa première adolescence.

La Bretonne, à l'aspect de M. de Kerjean, eut grand'peine à contenir un geste d'impatience et de dépit. — La joie la plus expansive, au contraire, illumina la figure du jeune chasseur et mit des éclairs dans ses yeux.

— Je te cherchais, Périne !... — s'écria-t-il vivement, mais je commençais à perdre tout espoir de te rencontrer aujourd'hui...

— Vous me cherchiez, monsieur Luc? — répondit la jeune fille en accompagnant ses paroles d'une révérence un peu moqueuse. — C'était, assurément, bien de l'honneur pour moi... — Et pourquoi donc me cherchez-vous, s'il vous plaît?...

— Cruelle Périne, est-il bien possible que tu me fasses une telle question?...

— Dame !... pour apprendre, il faut questionner, ce me semble...

— Eh ! ne sais-tu pas que je ne puis vivre sans te voir... ne sais-tu pas que mon seul bonheur est de te rencontrer chaque jour, pour te dire ce qui déborde dans mon âme... pour te répéter que je t'aime !...

— Puisque vous l'avez dit, pourquoi le répéter?...

— Pour arriver enfin à toucher ton cœur de marbre, trop belle et trop charmante inhumaine !...

— Comment ne comprenez-vous pas, monsieur Luc, vous qui avez tant de savoir et tant d'esprit, que vous ne touchez rien du tout?...

— Eh ! c'est bien là ce qui me désespère... Cependant j'espère toujours...

— Et vous avez tort... foi de Périne !

— Mais enfin, tigresse adorée, pourquoi ces rigueurs sans pareilles ?... — Me trouves-tu donc indigne de toi?...

— Ah ! monsieur Luc, je ne suis pas si sotte!... — je sais trop bien que vous êtes un grand seigneur, et que je ne suis, moi, qu'une pauvre fille...

— Ne crois-tu point à mon amour?...

— Non, en vérité, je n'y crois point !... — Oh ! vous avez de belles paroles pour enjôler les innocentes, comme vous avez de beaux miroirs pour attirer les alouettes, — mais pas si sotte que de m'y laisser prendre!... Vous êtes trop jeune, monsieur Luc, pour qu'on se fie à votre amour... A votre âge on ne sait seulement pas ce que c'est que d'aimer...

— Ah! tu crois cela, Périne?

— J'en suis sûre.

— Eh bien, si je te prouvais jusqu'à l'évidence que mon amour est réel, qu'il est sans bornes, qu'il durera toujours... que dirais-tu?...

— Si vous me prouviez cela ?...

— Oui.

— Prouvez d'abord... — nous verrons après.

— Eh bien ! — s'écria le gentilhomme, — écoute, et doute encore si tu peux : — Je t'offre de t'épouser.

Périne répondit par un grand éclat de rire.

— Eh quoi ! — balbutia M. de Kerjean, — tu me railles !...

— Ah ! monsieur Luc, je sais trop ce que je vous dois pour me permettre une liberté si grande ! — répliqua la jeune fille. — Non... non... je ne vous raille point... — c'est vous qui vous moquez de moi.

— Je te jure que je n'ai de ma vie parlé plus sérieusement... — Foi de gentilhomme, je te propose le mariage.

— Quelle folie !

— Folie ! pourquoi ?

— Pour cent raisons... toutes très bonnes...

— Lesquelles ?

— D'abord, est-ce qu'un seigneur épouse sa vassale ?

— Quelquefois... — La beauté vaut un blason !... — N'a-t-on pas vu des rois épouser des bergères ?...

— Pas souvent...

— Plus souvent que tu ne le crois.

— Vous avez seize ans, et moi j'en ai vingt.

— Qu'importe ? — Si l'amour s'occupait d'un si mince détail, il ne serait plus l'amour.., — D'ailleurs, tant mieux si je suis jeune... j'aurai plus longtemps à t'aimer.

— Et M. le baron votre père, que dirait-il ? Auriez-vous, par hasard, son consentement dans votre poche ?

— Mon père ne saurait rien.

— Ah ! ah ! c'est donc un mariage secret que vous me proposez de façon si galante, monsieur Luc ?

— Oui, sans doute..., — balbutia le jeune homme visiblement embarrassé. — Je trouverai dans le voisinage quelque bon recteur qui bénira notre union et qui la rendra indissoluble... — plus tard, quand je serai mon maître, elle sera déclarée.

— Et quand serez-vous votre maître, s'il vous plaît ?

— Après la mort de mon père.

— Et, jusque-là, je resterai Périne Engoulevent, comme devant !... — Grand merci, monsieur Luc !... — Grand merci !...

— Réfléchis, cruelle idole, que tu n'aurais pas longtemps à attendre... — Mon père est bien vieux et d'une santé bien faible... — Il ne saurait désormais aller loin... — Tu serais vite dame châtelaine, baronne, et riche de plus de dix mille écus de rente...

— Monsieur Luc, je sais un proverbe qui dit : — *Il ne faut pas compter sur les souliers d'un mort...* — J'en sais un autre encore qui prétend que : — *Mieux vaut tenir que courir !...* — Je crois qu'ils ont raison tous deux, monsieur Luc, et j'attendrai, pour vous écouter, que vous ayez de la barbe au menton et que vous soyez le maître chez vous...

Après une nouvelle révérence la jeune Bretonne fit mine de s'éloigner, mais M. de Kerjean l'arrêta.

— Ainsi, — s'écria-t-il, — tu me refuses ?...

— Avec enthousiasme...

— Mais ne vois-tu donc pas que je vais mourir de chagrin ! !...

— Vous voilà frais comme une rose, et le chagrin ne vous maigrit point !... Je pense que vous en reviendrez...

— Périne... cruelle Périne !...

— Au revoir, monsieur Luc... votre servante, monsieur Luc...

— Je m'attache à tes pas...

— Me suivrez-vous donc jusque chez ma mère ?...

— Je te suivrai jusqu'au bout du monde... à moins que tu ne me donnes, à l'instant même, un peu d'espoir...

— Oh! s'il ne faut que cela, espérez, monsieur Luc, espérez tant que vous voudrez... —J'y consens de grand cœur...

— Il me faut autre chose encore...

— Quoi donc ?

— La promesse d'un rendez-vous pour demain, dans quelque endroit bien isolé, bien mystérieux, où je pourrai te parler à loisir... t'ébranler... te convaincre...

Périne sembla réfléchir.

— Et si je vous accorde ce rendez-vous ? — demanda-t-elle au bout d'un instant.

— Je serai le plus heureux des hommes...

— Et vous me laisserez, aujourd'hui, retourner tranquillement chez ma mère?...

— Je te le promets.

— Eh bien, demain, une heure avant la chute du jour, je vous attendrai dans la salle du premier étage de la tour des Mauves...

Et Périne, dérobant son visage aux yeux du jeune homme, comme si elle eût été rougissante et confuse de la faveur qu'elle venait de lui accorder, reprit rapidement le chemin du village.

Luc de Kerjean, ivre de joie, la suivit longtemps d'un regard charmé ; puis, la poitrine élargie et l'attitude conquérante, il se dirigea vers le château de son père, en se répétant tout bas et à cent reprises :

— Demain... demain... demain !...

§

Le soir de ce même jour, — une heure environ après le coucher du soleil, — Périne, ayant fait de son meilleur linge et de ses habits des grandes fêtes un petit paquet noué à un bâton de bois de houx, quitta furtivement la chaumière dans laquelle elle était venue au monde et où, depuis vingt ans, elle vivait, elle était aimée...

17.

Sans même embrasser sa vieille mère, — sans lui dire un adieu qui devait être éternel, — les yeux secs et le cœur glacé, — elle traversa l'humble hameau et, son bâton de houx sur l'épaule, elle s'éloigna d'un pas ferme.

L'héritière des secrets du juif Samuel suivait la route de Paris.

XII

LE PÈRE ET LE FILS

Luc de Kerjean atteignait à peine sa seizième année, mais les passions qui devaient plus tard dominer et perdre sa vie n'avaient point attendu qu'il eût l'âge d'un homme pour prendre naissance dans son âme.

Le fils du vieux baron n'était presque qu'un enfant encore et déjà, comme *Chérubin,* il aimait, — mais avec une bien autre énergie que le héros gracieux de la plus mordante comédie du dernier siècle.

Nous savons déjà que la victorieuse beauté de Périne avait produit sur son cœur une impression profonde ; mais nous savons aussi que la jeune fille accueillait l'amour du gentilhomme avec une complète et dédaigneuse indifférence.

Cette rigidité, nos lecteurs le comprennent, devait s'attribuer bien moins aux vertueux principes de la Bretonné, — ces principes, pour son malheur, lui faisant absolument défaut, — qu'à sa précoce expérience. — La recherche de Luc ne flattait même aucunement Périne dans sa vanité, car elle comprenait bien que l'enfant lui donnait son cœur comme à la première jolie fille qui se rencontrait sur son passage ; — en outre, elle ne se dissimulait pas que cet amour ne pouvait la conduire à rien, et que songer au mariage serait une très insigne et très absurde folie.

Devenir la femme d'un gentilhomme de seize ans était parfaitement impossible, ce gentilhomme ne disposant ni de lui-même, ni des biens qui devaient un jour lui appartenir. — En conséquence Périne, ne voyant dans ses poursuites que de fatigantes obsessions, désirait sincèrement s'y soustraire au plus vite et d'une façon complète.

Luc avait une mauvaise nature, — Outre ces passions précoces dont nous venons de parler un peu plus haut, on pouvait signaler en lui un égoïsme féroce, — une ardente soif d'indépendance et de plaisirs.

Peut-être une main de fer aurait-elle réussi à corriger ces instincts funestes, à faire ployer ce caractère presque indomptable, — mais pour arriver à ces résultats la main du baron de Kerjean était trop douce, ou plutôt trop faible.

Le vieillard adorait l'enfant comme on adore un fils unique en qui l'on a placé tout son espoir et toutes ses complaisances. — Cette tendresse paternelle, touchante à coup sûr, devait avoir dans un prochain avenir des conséquences déplorables.

M. de Kerjean, craignant de causer à son fils le moindre chagrin, la plus légère contrariété, s'efforçait de deviner ses désirs pour les satisfaire, — ses volontés, ses caprices même, pour les prévenir, — si bien que Luc, dès son enfance, se trouva jouir d'une liberté illimitée dont il ne pouvait manquer d'abuser et dont il abusait en effet, sans seulement donner en échange la plus vulgaire reconnaissance à ce vieillard qui ne chérissait que lui et qui ne vivait que pour lui.

Hélas ! c'est triste à écrire, et pourtant ce n'est que trop vrai ! — Luc de Kerjean n'aimait point son père ; — il ne l'aimait, du moins, que d'une tendresse superficielle qui parfois se manifestait par de banales démonstrations, mais qui n'avait pas de racines dans le cœur du jeune homme.

Pourrait-on le croire ? — à seize ans à peine, Luc envisageait sans douleur et sans effroi la probabilité de la mort prochaine du baron ! — Cette mort ne devait-t-elle pas lui donner une fortune ? — Nous venons de l'entendre dire à Périne cette horrible phrase : — *Mon père est bien vieux et d'une santé bien faible... — Il ne saurait désormais aller loin.*

L'enfant qui trouvait le hideux courage de parler ainsi, n'était-il pas à tout jamais perdu ?

Nous avons laissé Luc se diriger d'un pas rapide et joyeux vers le joli château de Kerjean, après avoir obtenu de la jeune Bretonne la promesse d'un rendez-vous pour le lendemain.

Au moment où il franchissait la porte ogivale donnant accès dans la cour du manoir qu'il avait quitté depuis le matin, il fut frappé, malgré sa préoccupation amoureuse, de l'aspect étrange que présentait cette cour, si calme d'ordinaire.

Les domestiques allaient et venaient, d'un corps de logis à l'autre, avec des mines de l'autre monde et des gestes de désolation. — A l'aspect du fils de la maison l'expression douloureuse et bouleversée de tous les visages redoubla.

En même temps un vieil intendant, investi de la confiance du baron, accourut au-devant de Luc et, s'arrêtant à deux pas de lui, se mit à pousser des gémissements et des sanglots, en versant des larmes abondantes.

— Eh bien, Jocelyn, qu'y a-t-il donc ?... — demanda le jeune homme stupéfait.

— Ah ! monsieur Luc... quel malheur !... quel affreux malheur !... — balbutia l'intendant.

— Quel est ce malheur ? — Que se passe-t-il ? — Voyons, parle !...

— M. le baron, votre père... mon digne maître, mon excellent maître...

— Achève !

— Il se meurt ! hélas ! il se meurt !

— C'est impossible ! — s'écria Luc. — Ce matin, en partant pour la chasse, je l'ai laissé debout et plein de vie !

— Le mal lui a pris sur le coup de midi... comme l'angélus venait de tinter... — Mon pauvre maître est tombé quasiment mort, de son grand fauteuil sur le parquet ; — depuis lors il n'a pu ni ouvrir les yeux, ni parler... — Trois de nos valets courent après vous dans la campagne pour vous ramener ici, et un quatrième s'en est allé à Roscoff. quérir le médecin...

Luc n'en écouta pas davantage ; — il laissa son fusil entre les mains du vieil intendant ; — il se précipita dans le château, et il gagna la chambre à coucher du baron de Kerjean.

Le cœur du jeune homme battait avec force, — une émotion puissante fouettait son sang dans ses veines et le faisait affluer à son cerveau ; quelques larmes coulaient de ses yeux.

Si incomplète que puisse être la tendresse filiale, aucun homme ne saurait cependant franchir sans trouble et les yeux secs le seuil de son père à l'agonie...

Luc subissait la loi commune.

Dans une vaste chambre boisée en chêne noir, — sous les courtines épaisses d'un lit à colonnes torses et à baldaquin, — le vieux seigneur était étendu, sans mouvement et presque pareil à un cadavre.

Les masses de ses cheveux blancs tranchaient à peine sur les blanches toiles de l'oreiller. — Son visage immobile offrait les tons violacés qui trahissent l'apoplexie. — M. de Kerjean avait en effet subi une formidable attaque de ce mal foudroyant.

Quatre ou cinq domestiques pleuraient auprès du lit, — le recteur de la paroisse murmurait des prières. — Tous s'écartèrent pour faire place au jeune homme.

Luc tomba à genoux à côté de la couche paternelle, — il saisit la main du baron, et la trouvant tiède et souple :

— Mon père est vivant encore, j'en suis sûr... — s'écria-t-il. — On peut le sauver !...

Ce cri spontané était sincère, nous l'affirmons.

Pour la première fois, — et aussi pour la dernière fois de sa vie, — Luc venait de céder à un bon mouvement.

Le recteur répondit au jeune homme que le domestique envoyé à Roscoff trois heures auparavant à la recherche d'un médecin n'était point encore de retour, et que ce retard inexplicable mettait en grand péril la vie du baron.

A peine le prêtre achevait-il de donner cette explication, qu'enfin le médecin arriva. — On ne l'avait pas rencontré chez lui, et force avait été de le chercher longtemps dans les environs.

Ce médecin n'était pas un bien habile homme ; cependant l'expérience lui tenait souvent lieu de

savoir... — Il hocha la tête d'une façon peu rassu-
rante, après s'être rendu compte de l'état du vieillard, et sans perdre une minute il prit une lan-
cette et piqua la veine.

Le sang coula lentement d'abord, et goutte à
goutte, puis plus fort. — Bientôt les paupières tu-
méfiées de M. de Kerjean se soulevèrent, et ses
lèvres s'agitèrent pour prononcer quelques paroles
qu'il fut impossible d'entendre.

— Est-il sauvé? — demanda le prêtre.

— Pas encore... — murmura le docteur, — et je
ne puis répondre de rien... — Je passerai la nuit au
château...

— Moi aussi... — dit le curé.

Luc, dont l'émotion filiale s'était déjà en grande
partie dissipée, voulut cependant, par respect humain, veiller son père avec le médecin du corps et
le médecin de l'âme.

La nuit fut calme. — Au point du jour, M. de
Kerjean semblait avoir repris toute sa connaissance... — Sa bouche à demi paralysée n'articulait
il est vrai que des phrases indistinctes, mais ses
regards étincelaient de tendresse en se fixant sur
son fils, et il put faire comprendre au recteur,
par des gestes expressifs, qu'il souhaitait rece-

voir les secours et les consolations de la religion.

Aussitôt que ses désirs à cet égard eurent été accomplis, le vieillard tomba dans un assoupissement profond et presque léthargique.

Le médecin, questionné par Luc, secoua la tête pour toute réponse, avec une expression de mauvais augure.

— Espérez encore, cependant... — fit-il ensuite.

— Ici, la science est impuissante, mais Dieu peut tout.

— Nous allons le prier... murmura le recteur.

— Prions, — dit Luc hypocritement, — prions et que Dieu nous exauce !...

Les deux tiers de la journée s'écoulèrent sans amener le moindre changement dans la situation du malade. — Le médecin était reparti pour Roscoff, en anonçant que son retour aurait lieu vers dix heures du soir. Un peu après son départ on vint prévenir le recteur qu'il était attendu au chevet d'un agonisant dont la chaumière se trouvait située à près d'une lieue et demie dans la lande. — Le prêtre appartenait au pauvre comme au riche... — il quitta le château.

Luc resta seul auprès de son père toujours endormi.

A l'horizon le soleil baissait... — Bientôt son disque de flammes allait disparaître au sein des flots houleux de l'Océan breton. — Le jeune homme attendait ce moment avec une ardente impatience. — Périne ne lui avait-elle pas promis, la veille, de se trouver dans la salle du premier étage de la tour des Mauves, une heure avant la chute du jour ?...

Un rendez-vous d'amour ! — Le premier rendez-vous !... — A cette seule pensée Luc sentait des torrents de lave couler dans ses veines avec son sang ! — Il oubliait son père, — il oubliait le reste du monde, pour ne se souvenir que de cette belle et séduisante créature, jusque-là si farouche, et si soudainement humanisée...

— Je n'en puis plus douter, — se disait-il avec une sorte de délire, — puisqu'elle consent à venir, c'est qu'elle m'aime !... Dans un instant je vais la voir !... lui parler !... l'entendre... — Il me semble que c'est un rêve !... il me semble que je deviens fou !...

Le soleil s'abaissait de plus en plus, — ses rayons obliques dessinaient sur la campagne des ombres gigantesques. — Le crépuscule était tout près de succéder au jour. — Luc n'avait désormais que le temps nécessaire pour arriver, à l'heure convenue, au lieu du rendez-vous.

Le jeune homme quitta son siège, et ses yeux se fixèrent pendant un instant sur le lit. — Les yeux du baron restaient fermés ; — son visage livide se décomposait d'une façon si étrange et si rapide que Luc se demanda si l'âme n'avait pas abandonné déjà son enveloppe matérielle; — mais un léger tressaillement des lèvres indiquait que le souffle de vie errait encore autour de la bouche.

Luc se rassura lui-même et se dirigea vers la porte. — Au moment où il allait l'atteindre, le vieillard, secouant sa lourde somnolence, fit un mouvement inattendu.

Luc s'arrêta et se retourna. — Un bruit de paroles presque indistinctes et entrecoupées arriva jusqu'à lui. — M. de Kerjean avait recouvré la voix. — une voix sourde, rauque et effrayante à entendre — et il parlait.

Le jeune homme, subissant une involontaire et toute-puissante attraction, se rapprocha de son père qui, s'appuyant péniblement sur son coude, murmura :

— Luc... mon fils... mon enfant chéri... tu sors? tu t'éloignes de moi?

— Pour un instant seulement, mon père, et je vais dire à Jocelyn de me remplacer auprès de vous pendant ma courte absence.

— Où vas-tu donc?

— Tout près d'ici mon père.

— Quand reviendras-tu?

— Dans un instant, je vous le répète.

— Dans un instant, — balbutia le baron, — ce sera trop tard encore. — Je n'ai que quelques minutes à vivre... je le sais... je le sens... et je ne veux pas mourir sans t'avoir à mes côtés...

— Vous vous trompez, mon père... — répondit vivement le jeune homme, — vous n'êtes point en danger, et le docteur vient de m'affirmer que bientôt, dans quelques jours, vous seriez guéri complètement.

M. de Kerjean secoua la tête, puis il reprit :

— Tu t'abuses, cher enfant, et le docteur s'abuse comme toi... ou bien, sachant combien tu m'aimes, il veut te cacher la vérité... — mais à quoi bon ? — Mon heure est venue, et je remercie Dieu de l'avoir éloignée si longtemps, puisque après avoir guidé tes pas enfantins j'ai pu te voir grandir et réaliser tous mes rêves et tous mes espoirs.

— Aujourd'hui Dieu m'appelle à lui, je me résigne

à te quitter, et je n'ai plus qu'un désir : c'est de sentir ta main dans la mienne au moment où mon âme s'envolera... c'est d'avoir sous les yeux les traits chéris de ton visage, tant que mes yeux auront un regard !...

— Mon père, — s'écria Luc, — mon père, ne parlez pas ainsi.

— Cher fils, — continua l'agonisant, — reste là, près de moi... — Certes, la mort ne m'effraie point. — J'espère fermement qu'elle ne vient à moi que pour m'ouvrir les portes du ciel où m'a précédé ta mère, et cependant s'il me fallait l'attendre dans la solitude et dans l'obscurité, je crois... oui... je crois qu'elle me ferait presque peur... — Mon enfant, ne t'éloigne pas...

Luc, ébranlé par cette prière suprême, fut au moment de se laisser retomber sur le siège qu'il venait de quitter.

Mais le démon tentateur qui le poussait au mal évoqua devant lui, dans une vision rayonnante, l'image de Périne se détachant blanche et lumineuse sous les voûtes sombres de la tour des Mauves.

Si Luc manquait à ce premier rendez-vous, peut-être la Bretonne ne lui pardonnerait-elle point son absence et redeviendrait-elle inflexible comme elle l'avait été jusqu'alors.

Le jeune homme n'hésita plus ; — il appuya contre ses lèvres la main défaillante de son père, et pour la seconde fois il se dirigea vers la porte.

— Mon enfant, — continua le vieillard d'une voix qui s'affaiblissait de plus en plus, — je t'en supplie, reste auprès de moi...

— Ne me retenez pas, mon père, — répondit le jeune homme, — il faut que je sorte... il le faut...

— Au nom du Dieu vivant qui a permis que je sois ton père, je te conjure, et au besoin je t'ordonne, de veiller sur mon agonie...

Luc s'éloignait toujours, en s'efforçant de ne point entendre.

— Si tu me quittes, — poursuivit M. de Kerjean, — je mourrai en t'appelant, et souviens-toi que les cris d'un père, quand il appelle son fils et quand son fils ne vient pas, sont presque une malédiction...

Luc avait un pied sur le seuil... — Il s'élança au dehors et referma la porte derrière lui, étouffant ainsi le suprême appel du vieillard.

Le jeune homme sortit du château, et secouant la tête, sans doute pour chasser les bourdonnements sinistres et les voix lamentables qui retentissaient à ses oreilles, il se mit à courir de toute sa vitesse dans la direction de la tour des Mauves.

Comme il atteignait le portail croulant du vieil édifice, le crépuscule succédait au jour... — l'heure du rendez-vous était presque passée... — la jeune fille devait attendre depuis longtemps déjà...

— Me voici, Périne... — cria-t-il, — me voici.. j'arrive...

L'écho des voûtes granitiques lui répondit seul

Etonné, mais non encore inquiet de ce silence, Luc bondit dans l'escalier et pénétra ainsi qu'un ouragan dans la salle du premier étage dont Samuel avait fait son domicile.

Mais presque aussitôt il recula en poussant une sourde exclamation de terreur.

Nous le savons déjà, la jolie Bretonne n'était point au rendez-vous, et Luc se trouvait face à face avec le cadavre hideux du vieux juif.

Revenu de sa surprise et de sa frayeur au bout de quelques secondes, Luc se persuada que cet affreux et repoussant spectacle avait dû mettre en fuite Périne arrivée sans doute avant lui.

— Je la verrai demain... — se dit-il.

Et il reprit le chemin du château.

A l'instant précis où il pénétra dans la chambre

paternelle, une heure seulement s'était écoulée depuis son départ, mais cette heure avait suffi pour
faire de lui presque un parricide.

Le baron de Kerjean était mort! — Mort sans
avoir serré une dernière fois, comme il le souhaitait avec tant d'ardeur, les mains de son fils dans
les siennes! mort en maudissant peut-être ce fils
absent, ce fils ingrat!... — Ses yeux largement ou-
verts épouvantaient par la fixité de leurs prunelles
déjà ternies, et son visage offrait une expression
tout à la fois menaçante et douloureuse.

— Mon père avait vécu toute une longue vie, —
se dit Luc avec un calme parfait, — il avait de
beaucoup dépassé cet âge auquel n'arrivent qu'un
bien petit nombre de privilégiés... je ne puis donc
le plaindre, et j'essayerais vainement de le pleurer... — Par égard pour sa mémoire, et surtout
par respect pour moi-même, je vais jouer vis-à-
vis de ceux qui m'entourent, la comédie des larmes... — mais au fond je suis consolé, je suis
heureux, car je suis riche...

Telle fut la courte oraison funèbre du baron Régis de Kerjean, le plus loyal des loyaux Bretons, —
le meilleur des hommes, — mais, hélas! le plus
faible des pères...

XIII

LES COMPLICES

Il nous a semblé non seulement utile, mais indispensable d'entrer dans les détails qui précèdent afin de bien faire connaître à nos lecteurs la nature de deux êtres placés par les hasards de la naissance l'un au sommet, l'autre au degré le plus bas de l'échelle sociale, et que cependant les nœuds inextricables d'une effrayante complicité devaient souder l'un à l'autre dans l'avenir, comme la chaîne infâme du bagne unit deux galériens accouplés.

Tout est dit maintenant. — On sait ce que valaient au fond la Bretonne et le gentilhomme, à cet âge où presque toujours le cœur et l'âme ne sont point gangrenés entièrement et sans remède, et désormais nous pouvons marcher à grands pas.

Dès le lendemain de la mort du baron de Kerjean, Luc eut à subir à la fois une double déception.

— D'abord il apprit que Périne, sa Périne vainement adorée, avait depuis deux jours quitté le hameau et vraisemblablement la Bretagne, sans qu'il fût possible de découvrir de quel côté la fugitive portait ses pas aventureux.

Ce fut un coup cruel. — Le second ne le fut pas moins. — Le jeune homme vit la fortune héréditaire des Kerjean, cette fortune si avidement convoitée par lui, s'échapper de ses mains pour plusieurs années.

Un conseil de famille s'assembla dans le but de nommer un tuteur au jeune héritier, et de confier à ce tuteur l'administration de tous les biens jusqu'à la majorité de Luc.

Ce tuteur était un vieil oncle de notre héros, — un gentilhomme rigide et sévère qui prit au sérieux ses fonctions et restreignit fort la liberté dont jouissait le jeune baron du vivant de son père. — Luc essaya de se révolter contre de rudes exigences, mais il avait affaire à un homme de bronze, entier dans ses idées, absolu dans ses convictions, inflexible dans ses volontés. — Ceci rendait la lutte inégale, ou plutôt impossible, — Luc fut donc vaincu, et pendant quatre années mortellement longues il dut subir un joug qui lui semblait écrasant et intolérable.

Enfin sonna pour l'héritier l'heure mille fois bénie de sa majorité accomplie. — Le vieil oncle lui rendit strictement ses comptes, et lui dit ensuite :

— Monsieur mon neveu, vous voilà libre... J'ai fait mon devoir... tâchez maintenant de faire le vôtre.

Ce même jour Luc de Kerjean entassait dans une cassette de fer tout l'or économisé par le tuteur pendant les années de minorité, ce qui représentait à peu de chose près la somme de cent mille livres... — Il plaçait ce précieux coffret sur les coussins d'un carrosse antique... — il commandait des chevaux de poste, et il prenait joyeusement la route de Paris.

Avons-nous besoin de dire que Luc avait abjuré depuis longtemps son premier amour, et que c'est tout au plus si l'image de Périne lui apparaissait de temps en temps, vague et presque effacée ?

Aussitôt dans la grande ville le gentilhomme

breton se précipita à corps perdu et avec une fougue délirante au milieu des raffinements du luxe le plus effréné et des folles jouissances de la plus élégante débauche.

Il était jeune et beau, — surtout riche. — Il eut bien vite des flatteurs et des parasites. — Il ne manqua ni de joyeux compagnons d'orgie, ni de jolies compagnes de plaisir.

Laissons-le courir à bride abattue sur le grand chemin de la ruine, et rejoignons Périne Engoulevent qui depuis qu'elle avait quitté la Bretagne profitait de son mieux, c'est-à-dire avec une merveilleuse habileté, des sages conseils du vieux Samuel.

Après avoir habité pendant quelques années sous le nom d'Yvonne Tréal une mansarde de la rue du Cloître-Notre-Dame, où nous avons vu les valets de confiance du duc de Simeuse venir la chercher le soir du mardi-gras de 1752, — après avoir, dans cette humble demeure, conquis une certaine renommée et amassé des sommes fort rondes, Périne se mit en tête tout d'un coup qu'elle marchait trop lentement à la réalisation de ses désirs et de ses espérances. — Elle se persuada, et non sans raison, que sa jeunesse et son charmant visage, bien loin de lui venir en aide étaient au contraire des obstacles dans l'étrange carrière embrassée par elle. — « *Une jolie sorcière,* — se dit-elle, — *ne saurait inspirer au public superstitieux une aveugle confiance. — Les beaux yeux et les lèvres roses semblent incompatibles avec les mystérieuses pratiques de la cabale et de l'astrologie.* »

En conséquence Périne résolut de se métamorphoser en s'incarnant sous une forme toute différente de la sienne, et de se créer ainsi une individualité nouvelle. — L'idée triomphante du masque de cire rendait possible et facile cette brusque transformation d'une jeune femme en centenaire.

Un beau jour la mansarde de la rue du Cloître-Notre-Dame fut abandonnée ; — *Yvonne Tréa.* disparut, au grand émoi et au grand chagrin des habitants de la Cité, qui supposèrent charitablement que le diable s'était emparé de la devineresse.

Le même jour *Périne Engoulevent*, courbée sous le poids de cent hivers, prenait possession du *Logis-Rouge*, loué par elle.

Les événements ne tardèrent point à prouver combien les calculs de la Bretonne avaient été justes. — La centenaire fut plus célèbre en quelques semaines qu'Yvonne ne l'était devenue en plusieurs années. — Tout Paris s'occupa de la nécromancienne sortie on ne savait d'où, — peut-être de l'enfer, — et la ville et la cour assiégèrent les portes du Logis-Rouge.

Ce logis, nous le savons, était admirablement situé pour servir d'asile à une femme de l'espèce de Périne. — Ses deux issues, sur deux rues différentes, permettaient aux visiteurs de quitter, sans attirer sur eux l'attention, la maison dans laquelle ils étaient entrés furtivement.

Presque tous les clients de la diseuse de bonne aventure avaient soin, d'ailleurs, de cacher leur visage avant de franchir le seuil de la porte rouge. — Chacun s'efforçait d'envelopper d'un mystère profond ses visites à la sorcière, sur laquelle couraient des bruits sinistres.

Le bon peuple parisien prétendait, mais sans doute à tort, puisque la police n'intervenait point, — que non seulement Périne tirait les cartes et interrogeait les astres, — que non seulement elle vendait les philtres qui font aimer et ceux qui rendent les femmes fidèles, — mais encore qu'on était sûr de trouver chez elle, à prix d'or, ces poudres fatales et ces élixirs meurtriers dont le juif Samuel, d'exécrable mémoire, faisait jadis un si grand trafic.

Aussi les badauds, empruntant une expression énergique aux contes orientaux fort à la mode à cette époque, avaient-ils remplacé le nom de Périne Engoulevent par le sobriquet de la *Goule*. — Or, on sait que les *goules* de l'Asie et des Indes sont d'horribles et bizarres créatures qui se nourrissent du sang des cadavres.

À ses nombreuses et ténébreuses industries Périne en joignait une dernière généralement ignorée, et qui n'était pas cependant la moins lucrative. — Elle faisait l'usure. — Moyennant de bonnes garanties et d'énormes intérêts, elle prêtait de l'argent aux gentilhommes débauchés et aux fils de famille désireux de manger leur blé en herbe.

La Goule n'était pas seulement riche et redoutée, — elle était puissante, sinon par elle-même du moins par ses relations inconnues.

Plusieurs grands seigneurs, et des mieux en cour, ne pouvaient lui refuser leur protection occulte... — Ils s'étaient faits ses esclaves en la faisant leur complice pour des crimes ignorés de tous, excepté d'elle et de Dieu.

Périne possédait des secrets terribles, — elle

tenait dans ses mains l'honneur de cent familles
qui ne s'en doutaient pas. — Des gens à ses gages
louaient aux viveurs blasonnés et aux financiers
du dix-huitième siècle un grand nombre de ces
petites maisons qui servaient de théâtres aux orgies
d'une époque immorale. — Aucune des aventures
galantes dont les héros et les héroïnes avaient un
nom et une position sociale ne restait mystérieuse
pour la Goule, qui connaissait mieux que monseigneur le lieutenant de police lui-même toutes les
fautes et toutes les hontes. — Chaque jour elle
ajoutait quelques lignes aux pages in-folio de l'immense registre que nous l'avons vue feuilleter au
sujet de la naissance de Jane de Simeuse. — Plus
d'un des secrets contenus dans ce registre avait
été ou devait être pour elle une véritable mine
d'or.

Un beau jour, l'un de ces agents qui jouaient
dans Paris le rôle de *rabatteurs* pour le compte de
Périne, et qui amenaient fréquemment au Logis-
Rouge des emprunteurs de facile composition,
disposés à payer sans marchander l'argent nécessaire à leurs folies ou à leurs vices, — un de ces
rabatteurs, disons-nous, annonça triomphalement
à la Goule qu'il venait de prendre dans ses filets un

gentilhomme breton, dissipateur de premier ordre, quelque peu ruiné, mais possédant encore cependant de belles et bonnes terres au pays natal, et très désireux de les aliéner moyennant quelques poignées d'or. — Il ajouta que ce gentilhomme s'appelait le baron Luc de Kerjean.

Périne tressaillit en entendant prononcer ce nom qui lui rappelait à l'improviste tous les souvenirs du temps passé. — Son émotion ne fut d'ailleurs que passagère. — Il s'agissait d'une affaire importante, — elle en remit la solution à quelques semaines et fit prendre des renseignements en Bretagne.

Ces renseignements furent nets et précis. — Luc avait tout vendu, tout engagé, manoir paternel et domaine [héréditaire. — . Il n'existait plus aux bords de l'Océan un pouce carré de terrain qui fût encore sa propriété.

Dans un tel état de choses, ouvrir un crédit au baron c'était jeter de l'argent dans un gouffre sans fond, et Périne n'y songea même pas ; — mais elle était curieuse de revoir après tant d'années l'amoureux de sa jeunesse, et elle se fit amener son compatriote.

La mâle et impérieuse beauté de celui qu'elle

avait quitté presque enfant, et qu'elle retrouvait dans toute la force de l'âge, fit sur la Goule une impression puissante. — Il lui sembla que si jamais elle devait aimer un homme, cet homme serait Luc de Kerjean.

Cette émotion quasi amoureuse ne pouvait cependant faire oublier à Périne ses intérêts pécuniaires. — Le gentilhomme breton lui plaisait, mais de là à lui prêter une somme quelconque rien que sur sa bonne mine, il y avait une distance infranchissable.

La Goule chercha un moyen de tout concilier, et elle le trouva.

— Monsieur le baron, — dit-elle avec la voix chevrotante qu'elle ne manquait jamais de prendre en même temps que son masque de centenaire, — vous avez besoin d'argent, paraît-il?...

— Le plus vif besoin, madame, et c'est pour vous en demander que je suis ici... — répondit le gentilhomme. — Il ne s'agit de rien moins que de me mettre à même d'offrir un présent digne d'elle à une adorable débutante de la Comédie-Italienne...

— Combien vous faut-il pour cela?...

— Oh! une bagatelle... dix mille livres...

— Quelles garanties pourriez-vous m'offrir, si je vous prêtais ces dix mille livres?...

— La meilleure de toutes...

— Voyons !

— Je vous mettrais en mon lieu et place, par acte en bonne forme, pour toucher, jusqu'à concurrence de la somme avancée par vous et des intérêts de ladite somme, les revenus de mes domaines de Bretagne..

— Quel est le chiffre de ces revenus, s'il vous plaît, monsieur le baron ?

— Trente mille livres, tout au moins... — répliqua Kerjean sans la moindre hésitation.

— Allons, — se dit Périne à elle-même, — mon cher compatriote est un coquin qui compte, non point m'emprunter mais me voler mon argent...

Puis, tout haut, elle reprit en secouant la tête :

— Ce sont là, sans nul doute, d'excellentes garanties, mais elles ne sauraient me convenir...

— Pourquoi donc ?

— Je n'aime pas à faire des recouvrements si lointains... — N'êtes-vous possesseur d'aucun immeuble à Paris même, ou dans les environs ?

— Toute ma fortune est en Bretagne...

— Cela est vraiment fâcheux — continua Pé

rine, — mais, au moins, vous devez avoir quelques amis parmi les riches seigneurs de la cour?...

— Pardieu ! — répondit M. de Kerjean. — Voilà une question superflue !... — Avec ma naissance et mon titre, cela va de soi !... Je suis le plus intime ami de tous les bons gentilshommes de France...

Et le baron cita quelques noms retentissants et notoirement millionnaires. — Parmi ces noms se trouvait celui du vieux marquis de La Tour-Landry.

La Goule arrêta Kerjean.

— Le marquis de La Tour-Landry, — lui demanda-t-elle, — consentirait-il à vous cautionner de sa signature?...

Le baron réfléchit pendant quelques secondes.

— Je crois avoir la certitude qu'il n'hésiterait pas à me rendre ce service... — dit-il enfin.

— Eh bien, monsieur le baron, apportez-moi votre billet, à quatre mois, souscrit pour une somme de douze mille livres, avec l'aval de garantie du marquis, et je vous remettrai les dix mille livres dont vous avez besoin...

Trois jours après, Kerjean échangeait le billet contre l'argent.

Quatre mois s'écoulèrent.

La veille de l'échéance, Luc vint de nouveau frapper à la porte du Logis-Rouge.

— Monsieur le baron, — lui dit Périne, — je vous attendais... et j'ajouterai que je crois savoir ce qui vous amène...

— Ah ! bah ! — s'écria Kerjean.

— Vous n'êtes point en mesure, — poursuivit Périne, — et vous désirez renouveler...

— Ah ! çà ! vous êtes donc sorcière ?

— N'est-ce pas mon état ?...

— Enfin, madame, quoi qu'il soit, vous avez deviné juste... — Puis-je vous croire disposée à me rendre le nouveau service que j'attends de vous ?

— En aucune façon, — articula nettement Périne.

— Cependant... — commença le baron.

La Goule l'interrompit.

— N'insistez point... — dit-elle, — je ne céderais pas... — Le billet remis par vous me paraît d'autant meilleur qu'il ne sera pas payé, et que la signature du marquis de La Tour-Landry est une fausse signature...

Luc, atterré, fit un geste de dénégation énergique.

Périne se mit à rire sous son masque.

— Je vous jure... — s'écria Kerjean.

La Goule lui coupa la parole.

— A quoi bon nier l'évidence, monsieur le baron ? demanda-t-elle. — Lorsque vous m'avez apporté ce billet, il y a quatre mois, je savais parfaitement à quoi m'en tenir...

— Et pourtant vous l'avez accepté !

— Sans doute... — j'avais un but...

— Celui de me perdre, sans doute...

— Allons donc !... Vous perdre !... — Qu'est-ce que cela me rapportait, je vous prie ?... Non... non... j'ai d'autres idées. — Et puis, je ne suis en aucune façon votre ennemie, monsieur le baron... — Vous voyez en moi, au contraire, une ancienne amie, une amie du pays breton.

— Vous, une Bretonne !... vous, une amie !...

— Regardez !... monsieur le baron, regardez !...

En prononçant ces mots Périne enleva son masque livide, et découvrit son visage jeune et souriant aux regards stupéfaits de son interlocuteur.

— Périne ! — balbutia Kerjean, — c'est Périne !...

— Ah ! ah ! monsieur le baron, vous me reconnaissez du premier coup d'œil, et j'en suis fort aise, je l'avoue, car cela me prouve que les années ont passé sur moi sans trop me défigurer. — Oui, vraiment, je suis Périne, la petite Périne dont vous vous prétendiez amoureux autrefois... — Vous voyez bien que je suis une amie... vous voyez bien que je ne puis songer à vous perdre...

— J'en conviens de tout mon cœur, et je le croirai bien mieux encore si vous déchirez sous mes yeux ce malheureux billet.

— Le déchirer !... — Cela n'aurait pas le sens commun ! — mais je vous promets de n'en point faire usage contre vous, et cela doit, ce me semble, vous rassurer complètement... — J'ai bien des choses à vous raconter, mon cher baron... peut-être même ai-je à vous proposer certain traité d'alliance avantageux pour vous... Tout cela ne saurait se faire et se dire en une heure... Êtes-vous libre aujourd'hui ?...

— Parfaitement... et je le serai toutes les fois que ma présence pourra vous être agréable...

— A merveille !... Voilà qui me rappelle le bon vieux temps et vos galanteries juvéniles... — Nous allons donc dîner ensemble, à visage découvert, et nous causerons ensuite, comme deux vieux amis, du passé et de l'avenir.

§

Le résultat prévu de l'entente cordiale de Périne et de Kerjean fut de rendre ce dernier le confident, le complice, l'âme damnée de celle qui conservait entre ses mains l'arme terrible grâce à laquelle elle pouvait le perdre. — Ce n'est pas tout, — pendant quelques années cet homme et cette femme, pétris de la même boue, infâmes l'un comme l'autre, l'un comme l'autre criminels, s'aimèrent d'un étrange amour, d'un amour de bêtes fauves.

Puis la satiété et le dégoût arrivèrent. — A la passion succédèrent la haine et la défiance. — Les deux complices, fatalement rivés à la même chaîne, s'épouvantèrent mutuellement.

Le baron n'aurait point reculé devant un crime pour se défaire de sa tyrannique et impérieuse associée. — Mais il n'osait rien entreprendre contre elle ; il n'ignorait pas que sur un simple soupçon elle l'enverrait aux galères sans hésitation et sans pitié.

La Goule, de son côté, redoutait Kerjean, — elle le savait capable de l'assassiner le mieux du monde, s'il n'était retenu par une salutaire frayeur qu'elle prenait grand soin d'entretenir à l'aide de demi-mots et de réticences adroites. — Elle ménageait cependant son complice, dans la pensée de lui vendre bien cher, un jour, le billet faux qui le rendait son esclave ; et d'ailleurs, si cette spéculation échouait, peut-être plus tard lui prendrait-il fantaisie de jeter bas son masque, d'abandonner ses tarots et ses alambics, et de devenir baronne de Kerjean...

Telle était la situation de Périne et de Luc au moment où commence cette histoire et où nous avons fait franchir à nos lecteurs la porte du Logis-Rouge.

FIN DU PREMIER VOLUME.

TABLE DES CHAPITRES

FIN DE LA TABLE DU PREMIER VOLUME

F. Aureau. — Imprimerie de Lagny.